孩子动不动就顶嘴怎么办?

Backtalk:
4 Steps to Ending
Rude Behavior in your kids

[美] 奥德丽·瑞克 Audrey Ricker PH.D.　卡洛琳·克劳德 Carolyn Crowder PH.D.　著

王欧娅　译

上海社会科学院出版社
SHANGHAI ACADEMY OF SOCIAL SCIENCES PRESS

McCain Photography 摄影

奥德丽·瑞克
Audrey Ricker

Glamour shots 摄影

卡洛琳·克劳德
Carolyn Crowder

作者简介

奥德丽·瑞克博士（Audrey Ricker PH.D.），美国心理学家，既是一位母亲，也是一位经验丰富的教师，她从事的所有工作都是与孩子打交道。

卡洛琳·克劳德博士（Carolyn Crowder PH.D.），美国著名心理学家，资深的育儿专家，并受邀在多所学校担任心理辅导老师。

她们是全美畅销书《孩子动不动就哭闹怎么办？》(*Whining: 3 Steps to Stopping It Before the Tears and Tantrums Start*)的作者，经常出现在《20/20》《日界线》(Dateline)《早间新闻》(The Early Show)《今日》(The Today Show)等热门电视栏目中，也是美国女性频道（Lifetime Live）深受妈妈们欢迎的嘉宾。两人都住在美国亚利桑那州的图森市。

献给模特妈妈汉丽埃塔·特拉萨斯-戴尔（Henrietta Terrazas-Dyer）以及她的模特宝宝安娜（Ana）和卡洛斯·特拉萨斯（Carlos Terrazas）。

——奥德丽·瑞克

献给传授关于与孩子建立尊重关系方面丰富知识的奥斯卡·克里斯滕森（Oscar Christensen）博士。

——卡洛琳·克劳德

目录 Contents

作者的话　/ 1

概述　/ 1

第一部分　来龙去脉

第一章　坦然面对顶撞行为　/ 3

第二章　应对孩子顶嘴的四步法则　/ 12

第三章　实际运用中的困难　/ 37

第二部分　付诸实践

第四章　实施四步法则　/ 45

第五章　记录手册　/ 66

第六章　如何应对不同的教育理念？　/ 77

第七章　单亲家长　/ 100

第八章　职场父母　/ 109

第九章　如何对付孩子那些爱顶嘴的小伙伴　/ 120

第十章　如何应对电视节目及其他媒体中的顶嘴　/ 129

第十一章　如何对付顶嘴的大学生　/ 146

第十二章　孩子气的成年人　/ 159

第十三章　合理利用各类资源　/ 172

第十四章　家长们关于孩子顶嘴现象提出的问题　/ 184

作者的话

我刚开始学习心理学的时候，阿尔弗雷德·阿德勒（Alfred Adler）关于行为的理论对我产生的影响最为重要。尽管他的理论早在上个世纪之初就已出现，但阿德勒的理念在应对当今问题时仍惊人地有效。阿德勒的理论是本书的创作基础。如果刚开始看这本书的时候你对阿德勒的理论不甚了解，那么等你把这本书读完之后，再回头来看，下面这些信息你会感觉更易理解。

阿德勒与他的弟子鲁道夫·德雷克斯（Rudolf Dreikurs）都认为，当孩子出现欠缺礼貌的行为时，对于家长来说，最重要的做法不外乎：(1)纵容这种行为，导致未来问题重现；(2)阻止这种行为。换句话说，家长的不同做法会引发截然不同的结果。

阿德勒认为，孩子会通过不礼貌的行为来寻找自己在家庭中的存在感。通过积极正面行为无法获得归属感的孩子，就会选择采取消极负面的行动。关于积极正面的归属感这一点，我并不是说要让孩子成为大家关注的中心。归属感包括与他人合作，为他人奉献，对他人富于同情心。当孩子们顶嘴后从家长那里得到诸如"不许这么跟我说话"或"你最好乖乖看着，要不我就……"之类的反应时，他们知道，顶嘴会让他们得到关注，获取力量，而且这是一种伤害父母的方式。

这种获取关注继而掌握主控权或是与父母讨价还价的行为，虽然算不上什么好法子，但却能够令孩子感觉自己受到重视。这是一种负面的重视，而我们希望的结果其实是孩子得到积极正面的重视。如果能够对孩子的不礼貌行为采取不同的应对方式，我们得到的结果也将大不相同。

本书为您提供一种方法，帮助您应对孩子对家长的顶撞行为，让孩子找对方法，重获归属感，这种归属感，不光是在家庭中，同时也存在于社会生活中的方方面面。

我们的四步法体系是阿德勒理论当中"逻辑后果"（logical consequences）应用于实践的一个范例。合理疏导其实就是以疏导的手段引出行为结果——即顶撞行为导致的某种结果。这并非惩罚，因为它并不武断专制，也绝不会让你陷入吼叫、恐吓、打屁股、挖苦贬损或是讲大道理的疯狂局面。如果家长能够由始至终地坚持采用合理疏导的方法，孩子们就会知道，家长会说到做到。

作为阿德勒学派的一员，我觉得自己应该重点强调一下，家长应该为孩子们提供各种方法，帮助他们以积极正面的方式获得他人的肯定与重视，尤其是通过为家庭做出真正贡献来实现自己的归属感。帮着准备一顿饭或是筹划一次假期出行,又或是在爸爸妈妈或兄弟姐妹生病时为家中多出点力——这些简单的举动都能够帮孩子营造出自己很重要的感觉,同时家人之间也能够实现更好的情感联结。因此,一方面,家长要让自己掌握富有建设性的方式来应对孩子的顶撞行为,同时,也要想些法子,让孩子以实际行动为他人做出贡献。

概 述

如果你已经拿起这本书,那么很有可能你在生活中已经遇到了孩子出言顶撞自己的麻烦事儿。或许已经有人跟你说,不必理会,这个阶段的小孩子就是这样表达自我的。

但是,我们的观点认为,对这种行为,你真的应该做点儿什么。而且,你的孩子也需要你对此有所行动。把这本书当作你的指南,你会学到一种处理方式,每当孩子对你有所顶撞的时候,你就能够立即做出应对。如果对顶嘴的孩子听之任之,他们就无法学会对他人心怀尊重。

瑞克博士之所以写这本书,是因为她看到自己学生身上出现的问题,无论是小学生还是大学生,他们对家长的顶撞行为一旦出现就一发不可收拾。作为母亲,她不得不面对孩子的顶嘴问题。而她也看到,有效的应对方式能够对问题进行实实在在的疏导,不但能够消除孩子的顶撞,同时对孩子自身进步也有帮助。

克劳德博士是一名心理学家兼家长培训师，一直以来，她都希望提供一套理论与实践并行的架构来处理孩子顶撞行为。在她的家长课堂上，她观察到，在处理孩子的顶撞方面，几乎所有的父母都是一头雾水，万般无奈。

出版这本书的目的在于避免孩子顶撞行为的出现。家长、老师以及其他和孩子打交道的成人都会发现，面对孩子的顶撞时，这本书为他们提供了一种清晰、简单的应对方式。这种应对方式包含着一套四步法则，加以持续练习之后，任何人都可以灵活运用。

通过下面介绍的情景，我们将会了解到，当孩子出乎意料地第一次跟你顶嘴的时候，家长会受到怎样的冲击。

案例 1

琼斯一家人聚在客厅里，有的看电视，有的读书，而玛丽·琼斯在烤汉堡，准备晚餐。玛丽·琼斯和约翰·琼斯两口子都是医师，11 岁的双胞胎儿子都是足球队员，16 岁的乔不但是三好生，而且还是田径队明星。玛丽、约翰以及孩子们一家人其乐融融，美煞旁人。

就在这天晚上，琼斯太太问孩子们希望自己的汉堡怎么做，是要七分熟，还是全熟的。

"七分熟。"双胞胎儿子中的一个说道。

"我也是。"另一个说。

"七八分熟咯。"约翰答道。

"乔?"玛丽问道,"你的怎么做呢?"

一阵沉默。乔压根都没有转头看一下妈妈。

"乔?你的汉堡要几成熟?"玛丽很开心地又问了一句。

"我正看电视呢,"乔答道,语气里满是恼火,"你难道看不到吗?我的天呐!"然后,他又把注意力转回到电视上,完全无视妈妈的存在。

乔对妈妈的反应包含了以下特征:突然爆发的粗蛮无礼、盛气凌人、故意强调某些字眼、态度充满敌意、粗鲁地掌控着对话。换言之,乔没有发起挑衅就开始了用顶撞的方式去实行攻击行为,他掌握了攻击的核心,而他想要终止顶撞的时候,他就让这一切结束。而玛丽根本不知道让她遭受打击的原因究竟是什么!

在这种情况下,像玛丽和约翰这样的家长往往只会做出两种反应——要么是无视这种行为,要么就是让局面迅速升级,进入以牙还牙的恶性循环,而这两种应对方式对解决问题都毫无帮助。家长们做不了什么建设性的举动,只会苦苦思索自己到底哪里做错了,而哥哥的粗鲁行为也会对双胞胎弟弟造成不良影响。

家长往往只会做出两种反应——要么是无视这种行为，要么就是让局面迅速升级，进入以牙还牙的恶性循环，而这两种应对方式对解决问题都毫无帮助。

不过，我们其实有另一种方法可以处理这种局面。这个例子当中的家长可以利用我们在这本书当中介绍的几个步骤来终止顶撞行为，同时也将未来可能产生的攻击行为遏制住。在顶撞发生前就做好与之应对的准备，这一点非常重要。如果你家里已经出现过这种情形，那么现在着手处理还为时未晚。其实，出言不逊的无理行为确实需要家长介入干涉，而对顶撞现象坐视不理将对你的孩子有百害而无一利。

孩子顶嘴的问题会阻碍和破坏他们实现丰富快乐的人生，因为，在家里处处顶嘴的孩子必然也会在家庭以外的地方尝试顶撞他人，从而失去朋友、朋友的父母、师长乃至以后同事对他的尊重。面对这种行为，如果大人束手无策的话，那么就可能会对这样的孩子听之任之，在极端情况下甚至会把他们逐出家门。在学校里，这样的孩子可能会成为恶名在外的坏学生，大人小孩全都避之不及。在往后的工作当中，他们的恶语顶撞行为也会让自己在职场晋升的道路上处处受阻。

在整个家庭当中，受到顶撞行为影响的家庭成员也并不仅限于家长自身，年岁较小或平时处于弱势的兄弟姐妹也会因此而受到恫吓，心生恐惧。而且很快，他们就将学会以其人之道还治其人之身，顶嘴成了家里通行的沟通模式。如果不加管束，任由顶撞的现象继续存在，家里的氛围就会变得充满敌意，人人心绪不宁，垂头丧气。如果在教室里连续出现几次顶撞行为，老师的教课情绪也会受到严重破坏。

家长们可以尝试学会如何把言语顶撞与恭敬有礼地表达不同的意见区分开来。**独裁专制型**家庭可能会迫不及待地就把孩子们之间的意见分歧看作是互相顶撞，而**宽容型**的家庭则会将出语伤人视作正当的沟通交流。**沟通当中坚持己见**也可以用彬彬有礼的方式进行表达，而顶撞则绝不可能跟礼貌、文雅相挂钩。顶撞不仅包含无礼的言语，还附带轻蔑的语气及不敬的身体语言。对于任何一种顶撞行为的出现，家长们都应予以注意。

这本书将教会你什么？

《孩子动不动就顶嘴怎么办？》这本书，可以教会家长们避免家庭出现孩子出言顶撞的现象。孩子的顶撞行为会让家长感觉伤心、气愤、失望，这很正常。这本书里，我们会给大家介绍应对这类感觉时几种颇有助益的方法。其他育儿类图书往往会鼓励家长将孩子的顶撞行为视作一种健康的沟通方式，但我们这本书则不然，我们会对顶撞行为采取正视的态度——其本身就是一种不敬的失礼行为，同时还将教会家长们在遭遇孩子顶撞时如何处理，将困难局面轻松化解。下面是本书的各章的内容概览：

在题为"来龙去脉"的第一部分当中，我们会配合其他相关因素的介绍,对顶撞行为进行一番讲解,包括"顶嘴"本身意味着什么,为什么顶嘴问题会有日益盛行的趋势,育儿专家们从何时开始鼓吹这是一种正常合理的行为,顶嘴会对家庭、学校以及出言顶撞的孩子本身产生何种影响。第一部分当中还介绍了我们可以对顶撞行为采取怎样的应对措施,为什么必须要采取行动,以及应该在何时采取行动,究竟应该怎样行动。

在第一章"坦然面对顶撞行为"当中,我们讨论的内容包括,不存在顶撞问题的家庭中一派其乐融融。因此,顶撞行为的本质,是需要及时处理顶撞问题的原因所在。这一章将教会大家如何明确顶撞问题的出现,同时简要介绍了在过去数年间,我们的文化环境,尤其是主流媒体的发展,对于孩子顶嘴问题日益盛行所起到的助推作用。第二章介绍的是我们在处理孩子顶嘴问题时所实施的四步法则,辅以个案示例,对各个步骤加以细致讲解。

在主题为"实践"的第二部分当中,针对在出现孩子顶撞现象时,可以具体实施的应对步骤,我们给出了相应的介绍与指导。这一部分当中,我们还就成年人在实施四步法时经常会出现的心态问题进行了探讨和论证。家长们在面对不同年龄的孩子应用四步法则时可能遇到的问题,我们都有涉及,孩子的年龄跨度从幼儿一直到大学生乃至成年子女。有些老师、护工、心理专家或是成年亲属可能对你关于孩子顶撞问题的态度并不赞同,我们会教给大家在面对这些人的时候如何应对。同时,对于单亲家庭以及双职工家庭所面对的特殊的孩子顶嘴问题,我们也会专门分析。我们讨论的内容还包括,如何与孩子身边那些存在顶嘴问题的朋友打交道,面对包括影视作品之类可能影响孩子、造成顶嘴问题产生的外部因素,我们又应该如何应对。第二部分还有一章内容专门教给大家设立一个顶嘴问题记录本,并坚持记录,从中我们可以回溯、验证四步法则的有效性,并且记录下那些对你真正有用的解决方法。最后,我们还推荐了一些建议家长们加入的支持性团体,同时介绍了应避免加入的团体类型,并且告诉大家如何自己开创一个这样的团体。

使用本书的一些建议

尽量一气呵成地把整本书通读完。如果时间有限,浏览一遍,略读即可。

然后,将四步法则的四个步骤列出来,便于记忆:

- 识别(Recognize)
- 选择(Choose)
- 采取行动(Enact)
- 抽离(Disengage)

对于现在的你来说，这些词语或许还不具备什么真正的含义，不过，当你真正掌握四步法则之后，这些提示性的字眼就成了你可以信手拈来的解决问题利器。

下次再遇到孩子出言顶撞的问题时，马上用上我们的四步法则。你可能会一击即中，立马解决问题，也有可能你一紧张，对孩子让了步。无论怎样，在任何情况下，你都会发现，在对本书加以利用的过程中，最困难的地方其实就是——一旦采取行动，务必要做到及时、迅速，掌握先机。未来的你，将会在自己家中建立起一套沟通的规范准则。

这本书不适用的情形

这本书中设定的情景是，你的孩子跟玛丽与约翰·琼斯家的孩子差不多：智力正常，成长中一直接受的教育都是强调要顾及他人感受，大多数情况下，身边的家人也都举止文雅，相处和睦。这本书不会教你如何去应对那些神经受损的孩子、少年犯的过失行为、滥用药物或身体攻击等问题。这本书也不会对那些精神病患的孩子进行诊断或是给出治疗建议。

奥德丽·瑞克的一点建议：作为一名"60后"家长，我笃信万事应以循序渐进方式顺其自然发展，因此，我允许儿子依照自己的心意，想说什么就说什么。结果，还不到4岁的时候，儿子就被他所就读的，城中最棒的幼儿园开除出校了，原因是他跟老师顶嘴。最要命的是，他不光顶嘴，还添了乱发脾气、行为出格的毛病，比如看心理医生的时候会把椅子从房间的一头扔到老远。医生跟我说，儿子正处于一个自我表现的阶段，很快他就会长大，成熟起来，脱离这种状态。可这孩子实在是太出格了，我根本无法相信他能够有自我控制的一天。

我新一任的丈夫说，儿子再顶嘴的时候，要在口头上对他加以约束和惩罚，而心理医生却说我这是在冒险，可能会对儿子造成心理上的伤害。可很快，我的儿子不光变得乖巧可人，而且还加入了一所新的幼儿园，交到了很多新朋友。我认为，终止孩子的顶嘴问题其实是他的人生的一个转折点。我敢肯定，单凭孩子自己，他是克服不了这个问题的。问题要是再持续恶化的话，他会在与老师、家人和朋友的交往当中陷入困难重重的境地的。

第一部分
来龙去脉

第一章
坦然面对顶撞行为

案例 2

12岁的仙迪放学回家,看见在家办公的妈妈正和朋友聊天。仙迪攥着门把手,身子探到屋里,跟谁也没打招呼,只是说:"我要去弗兰妮家。"然后猛一下转身就要走,这时,妈妈的朋友安妮开口跟她打招呼道:"你好呀,仙迪。"

仙迪压根没有搭理安妮,对自己的妈妈说:"另外,我可能留在那儿吃晚饭。"

女儿的举止让妈妈略显尴尬,她说:"早点儿回来。"

仙迪低声咕哝着:"嗯,好啊。"然后把门一摔,离开了房间。

对于这番情景,妈妈给出了一个总结,她觉得这一切都是"青春期叛逆"在作祟,而她希望这样的评价能让自己和女儿两人面子上都好看一些。

但这样的判断对于解决问题并不奏效。女儿傲慢自大，举止无礼，即使道歉也是漫不经心地敷衍了事，而母亲其实在内心已经受到伤害，却又总在所谓的潮流观念胁迫下不得已地让孩子自由表达自我，做个"好家长"。妈妈的朋友觉得局面很窘迫，希望对女孩说些什么，灭一灭她的气焰，保护仙迪的母亲，但又担心自己干涉过多。总而言之，因为自己的默许，仙迪的顶撞让大人们显得对一切无能为力，两位女士都觉得面子上有点儿挂不住，场面一时间陷入僵局。

这个案例其实是一个非常好的孩子顶嘴的范例，因为从中我们可以看出，在这个案例当中，语言表达其实只有屈指可数的两个短句，但语气语调、身体语言以及沉默不语的举动，都可以发挥出跟语言同样的作用，成为顶撞行为的一部分。而女孩开口说的这两句话可以被视作顶撞，原因在于，首先，她言辞不当（别人跟仙迪打招呼可不是用她那种没好气的语气）、态度不善（压根没有跟自己的妈妈，还有妈妈的朋友打招呼），没有一点配合的姿态。仙迪的行为是要控制对话的局面，而并非发起对话继而谈论她想要做的事情。

此外，这种意料之外的顶撞行为，也表明孩子打算掌控家庭的心理情绪。家里每个人如履薄冰，言语措辞小心翼翼，生怕哪句话说得不对，又惹仙迪发飙。

不存在顶撞问题的家庭中情形又是怎样

如果家庭中不存在孩子顶嘴的问题,不光一家人可以轻松享受其乐融融的氛围,更会对整个家庭产生意义深远的影响。莎蒂与贝茜·德兰尼所著的回忆录《畅所欲言》(*Having Our Say*)十分畅销,在双双步入百岁高龄之后,这两位作者谈论起了自己书中所描述的这种不存在顶撞问题的家庭环境。无论是对父母讲话,还是彼此之间谈论交流,德兰尼家的 10 个孩子都必须要言辞文雅,态度谦恭。只要做到恭敬平和,他们就可以坦诚地表达自己的想法。如此一来,他们家庭中的氛围轻松愉快,富于活力,促人积极向上。无论是子女,或是父母双亲,都没有权利用语言对任何一位家庭成员进行恫吓。

回到 2 号案例,我们可以想象着采用一种彼此尊重、没有顶撞的互动方式来把场景重现一下。

> 12 岁的女孩仙迪放学回家,看到在家办公的妈妈正在和朋友谈话。仙迪攥着门把手,身子探进屋里,跟两位女士打招呼。
>
> 仙迪:妈妈,安妮阿姨。
>
> 妈妈:回来啦,仙迪,今天过得怎么样?
>
> 仙迪:挺好的。我想去趟弗兰妮家,行吗?

妈妈：好啊，去吧。

安妮：代数课上得怎么样？还有什么问题吗？

然后3个人就仙迪的新代数课家教老师聊了几分钟。

仙迪：好了，我得走了。我跟弗兰妮说，我会给她打电话，或者是4点半之前到她那儿。对了，要是可以的话，我可能还会在她家吃晚饭。

妈妈：不好意思啊，亲爱的，外婆今天晚上8点到呢，你知道我不喜欢自己一个人开车去机场。

仙迪：（叹了口气）好吧。那你能到弗兰妮家接上我吗？

妈妈：没问题。6点半前准备好，等我来接你。

仙迪：要是他们开饭早的话……

妈妈：也行，开饭早的话，你当然可以跟人家一起吃饭。不过你可千万别催人家啊。

仙迪：不会的，他们一般都是差不多5点半吃晚饭。

妈妈：要是不在她家吃晚饭的话，我们就去白城堡打包外卖。（对着朋友说）仙迪最爱吃的就是白城堡了。

安妮：（眼珠溜溜转了一下，微笑着说道）我在这个年纪时也最爱吃白城堡呢！

仙迪：那我走啦。妈妈再见。安妮阿姨再见。

如果说这样的场景听起来太过理想化以至于不切实

际，放心，大可不必有此顾虑。这其实正是彼此互敬的家庭成员之间的交流互动方式，而最终的结果就是达成双赢的局面。

在之前的范例中，为什么仙迪的行为那么粗鲁无理呢？因为最有可能的情况就是，仙迪的目的在于展示给妈妈的朋友看，谁才是这个家里真正的主人，同时也做给妈妈看，她决不允许其他人对她的生活方式指点一二，最终，还要做给这两位成年女士看的就是，她做事从心所欲，全凭自己高兴。

在这本书当中，我们所假定的情况就是，您是一位满怀自豪的家长，关爱家人，从不口出恶言，发自内心地渴望在自己家中，每一位家庭成员都能秉承彼此尊重的准则和睦相处。同时，我们也假定，在您看来，顶撞行为绝非可以容忍的行为。我们认为，允许孩子顶嘴，会对孩子造成伤害，因为这样的行为会阻止孩子学到更为有效的社交策略，而正确有效的社交策略能够帮助孩子实现更快乐、丰富的人生。

顶嘴的原因

为什么每个孩子都会试着顶嘴呢？其实是出于一种很自然的原因：孩子们总在寻求某种方法让自己获得重视，而他们往往会通过追求力量与获得关注的行为来让自己在家庭中占据一席之地。

为什么每个孩子都会试着顶嘴呢？其实是出于一种很自然的原因：孩子们总在寻求某种方法让自己获得重视，而他们往往会通过追求力量与获得关注的行为来让自己在家庭中占据一席之地。

另外一种造成顶撞行为的原因就是,有时候,家长会对自己的另一半或是其他家人、朋友口出恶言,给孩子树立了坏榜样,将顶撞"教"给孩子。同时,家长有时也会用特别粗鲁挖苦的方式来管教出言顶撞的孩子,殊不知,这样的做法,不仅于事无补,反而会令孩子的顶嘴问题变本加厉。

此外,主流媒体也是造成孩子顶撞家长现象盛行的一大原因——电视、电影、游戏、流行音乐,全都难辞其咎。在第十章里,我们会就这一问题进行详细阐述。就眼下来说,家长们必须要明白,流行媒体不仅鼓吹各类顶撞行为,而且还会通过满堂彩的盛大场面,以及演员的明星效应来给予顶撞行为肯定和追捧。尽管表现顶撞行为的可能是成年反派演员,但这样的小插曲所传递的信息确实让观众们认为,顶嘴会让小孩子获得极大的关注,让大人为小孩子所控制,而且基本上不会受到责罚,至少《考斯比一家》(*The Cosby Show*)当中那种类型的家长不会为此而惩罚孩子。(译者注:《考斯比一家》是1984年至1992年间最流行的电视节目,由NBC电视台出品)

造成孩子顶嘴现象甚嚣尘上的第四个原因就是倡导进步运动(Progressive Movement)的育儿专家及教育者所带来的影响。进步运动于20世纪50年代末由斯波克博士(Dr. Spock)发起,继而在20世纪60年代的公立学校中大行其道。20世纪70年代之前，孩子们是不可以在校内捣蛋作恶的。从不良行为到成绩不佳，每一点一滴都会被视作教育质量不佳，或是老师缺乏与学生良好沟通能力而造成的。

进步运动教育派的育儿运动还造成了孩子顶撞大面积爆发的第五个原因，也就是同辈文化所产生的理论。孩子们有了底气，可以有恃无恐地任意妄为，想说就说，想做就做，早就把成年人甩在一旁，取而代之以同辈的友人作为自己效仿的榜样。

伴随时代发展而来的所有这些现象，也并非全部一无是处。时常捣蛋闯祸的小鬼头肯定没有心思细密活泼的小大人来得讨喜。在进步运动出现之前，教育这档子事儿可是要枯燥得多，高压手段是主要的管教方式。在斯波克博士之前的许多育儿专家都提倡对孩子使用严厉的管教手段，例如用奶瓶喂奶取代哺乳，对哭闹的婴儿听之任之，不做处理，这些做法简直有点算得上是虐待了。不过现在，人们将进步运动的各种观念综合起来，以前所未有的方式对孩子的顶撞行为加以引导。

禁止出现顶撞行为，或要求"礼貌用语"，会对孩子造成伤害吗？至少有一位相当成功的人士不这么认为。14岁的时候，少女奥普拉·温弗瑞（Oprah Winfrey）性格叛逆，刚开始跟自己生父一同生活的她，被禁止称呼父亲为"老炮儿"。据她称，这条家规以及其他条条框框并没有伤害到她。她还说，正是因为父亲，"我相信，今天的我，尽善尽美，实至名归。"

方式采取得正确的话，禁止孩子顶嘴其实是不会造成伤害的——我们在面对顶嘴的孩子时，应该抱以尊重的态度，而且不要对他们的问题过度地死盯着不放。这本书中列出的各种方法会帮助你实现这样的目标，同时，也会教给我们如何尊重他人，展开适当得宜的社交互动。此外，你还能够从中学到更好的交流手段，帮助你与所有家人都实现更顺畅的沟通。

第二章
应对孩子顶嘴的四步法则

针对孩子的顶嘴问题,我们设计了下面这几个简单步骤:

第一步:识别顶撞行为。最简单的测试方法就是:如果这种行为让你感觉受到了伤害,令你感到气恼,或是给你造成束手无策的感觉,那么这就是一种顶撞行为。

第二步:为这种行为选择正确的应对方法。你应该提前做好准备。在 2 号案例当中,关于仙迪的情况,比较好的应对措施应该是:妈妈不允许她去朋友家。这样,任何顶撞或粗鲁的行为都自然而然地意味着,孩子不愿意做她所希望或是已经计划好要去做的事情,比如去练习踢足球或是上舞蹈课。

第三步:采取行动。妈妈必须告诉仙迪,她不能去朋友家。她可以用一种平静的声音说,女儿的行为已经够得上是顶撞了。妈妈要花费时间、精力还要努力拿出耐心来处理她的问题。这种行为是不可接受的,她不允许仙迪去弗兰妮家了。对于这样的陈述,如果仙迪回以暴躁粗鲁的反应——毫无疑问她肯定会这么做的，那么妈妈就可以推进到第四步了。

第四步：从与顶嘴的孩子的纠缠中抽离出来，让自己脱身。仙迪的妈妈应该从最开始就无视女儿的这种恶行，继续跟自己的朋友聊下去。如果孩子的顶撞行为还在继续，妈妈可以跟来访的朋友道个歉，把大吵大闹表示抗议的孩子带回到她自己的房间，让她单独待着，这样一来，妈妈就可以把自己从仙迪气愤不已的反抗中抽离，清静一下，换换脑子。

听起来，这样一套四步法则可能实施起来挺简单，对于有些家长来说，确实如此。但是，对于过分放纵、溺爱孩子的家长来说，这样的做法就很有挑战性，需要他们痛下决心、多加实践、做好严格的自我管控才能做到。还有一点比较困难的就是，当代的家长总希望自己跟孩子能够像朋友、兄弟一样相处，而不是担任孩子的老师、领导和指路人。其实，孩子们有时候并不会把家长当朋友，跟家长像朋友般相处，那只是偶尔为之的事情，典型的年轻人会尝试各种不为家长所接受行为。但要让家长们明白这一点，谈何容易？

是的，如果你的孩子已经开始出现顶嘴行为，那么你可以把这本书当中的四步法则拿起来用了，绝对值得一试。如果能够透彻理解各种概念及方法，那么，在轻轻松松之间，很快就会看到有效的改变。下面我们将四步法则中的每一条逐步进行详细讲解。

第一步：识别顶撞行为

识别顶撞行为不仅仅意味着识别出这种问题的存在，这也意味着，你承认顶撞行为是一种你所不喜欢的沟通方式。这种沟通当中可能都用不上语言（翻白眼，唏嘘叹气），也可能是只说上寥寥数语（比如仙迪说的"嗯，对"或是最常见的"随便"），也可能是一段苛责谩骂，并且随着不断地抱怨，语气渐强，态度也愈发不悦。

第一步最困难的部分在于，你要接受对自己孩子沟通的评估。孩子的顶撞可能会让你勃然大怒，甚至把你刺激到一时哑口无言。接下来，孩子说他对你的顶撞只是无心之失，并不想伤害到你，这种糟糕的感觉让你感觉自己的愚蠢简直令人难以置信。"我没想怎么样啊，"孩子可能会突然一脸无辜地这么来上一句，"你实在是反应过度啦，妈妈。"这时候，家长们往往会心下满含歉疚，有些家长会把孩子揽入怀中，来上一个大大的拥抱，并为自己的反应过度表示道歉。然后还会跟孩子保证以后再也不会这样反应过度。

案例 3

阿曼达小时候，父亲因为裁员丢了工作，母亲为了养家而打两份工，总不在她的身边。阿曼达下定决心，一点要尽可能多地抽时间陪伴自己的女儿。

当女儿开始对她述说她身上的种种不妥之处时，阿曼达很感动。"她们让我别张着嘴嚼东西。"她说道，"多乖的孩子！而且我一说些她们认为'傻透了'的话的时候，她们会马上让我知道。"对于当时已经离婚恢复单身的阿曼达来说，那些似乎带着关爱的行为，最终一点一滴地累加起来，而每个女儿口中吐露出的字眼，也变成了杀伤力极强的恶语伤人。无论她做什么，都无法取悦到自己的女儿。女儿对阿曼达的主宰支配变本加厉地扩大，最后，朋友们都打算介入其中干涉。他们告诉阿曼达，她女儿在家的时候，去家里看望她都变成了一件十分别扭的事情。直到这时，阿曼达才意识到，一直以来，自己眼中孩子们的善意建议，其实是对她伤害至深的顶撞言语。

阿曼达的解决方法并非与孩子们正面交锋，而是鼓励她们去跟其他亲戚一起生活，因为她自己已经搞不定这对女儿了。这个法子对阿曼达十分管用，她也开始约会，日子变得开心起来。不过，时至今日，十年光阴已经飞逝，孩子们的生活还是飘忽不定，感情动荡，哪份

> 工作或学业都没有实实在在地真正完成。

这个案例让我们看到,对孩子的顶撞行为,如果家长不愿采取正视的态度,那么他们就有可能一厢情愿地把孩子的恶语相向当成是本意善良的真心建议。

下面给出一些常见的事例,这类顶撞行为在初期往往会被人们所忽视。我们按照年龄段来逐一讲解。

3岁以下:(没错,顶嘴这事儿就是从这么小就开始了!)"爸爸妈妈,我不喜欢你",还有"不!"

4岁到6岁:"我讨厌你!""闭嘴!""那是我的,不要碰!"以及"别管我。""你瞧瞧,就跟多大事儿似的!"这句话也开始在某些家长中愈发流行。

6岁到8岁:"你笨死啦!"或"我才不要这么做!"

8岁到11岁:"哎,让我歇会儿!""没劲透了!"再加上翻个白眼,不屑一顾地叹气。"其他小孩儿都这么做呢!"

12岁到14岁:"妈(或爸),音乐(或游戏或服饰或任何孩子们所关心的事物)这事儿你根本就不懂。""你就得带我去商场(或是做孩子所要求的其他事情)。""这玩意儿你觉得能吃啊?"

15岁到17岁:"爸,拜托你行行好啦。""别烦我!"

17岁及以上："我这儿压力大着呢（烦透了、颓着呢、快累死了、等等），别理我行吗？"

这些年龄段的划分可以很灵活。孩子越早熟，他们顶撞家长的本事可能就越高超。孩子话越少，其实越有可能她心里想的全都是"你傻死了"或是"你才管不了我呢。"

我们知道，如果选择"双方总是保持剑拔弩张的状态"，这样做的风险很大。很多研究孩子发育的专家都认为，两岁大的孩子也会顶嘴，这是他们成长过程中的一部分。我们认为，这个年龄的孩子已经具备学习能力，应该教给他们哪些语言是不应该说的。稍后我们会介绍更多与不同年龄段孩子相关的内容。

这些顶撞的内容并不重要——重要的是所使用的语气和态度。这些顶撞的话语，就如同在毒液中浸过的飞镖，一击即中，会令对方马上呆立当场。信息的接受方会感觉受到侮辱、心生愤怒，愧疚感又让他们失去方寸。这一切全都在一瞬间同时发生。家长们一时间乱了阵脚，要么手足无措不知何去何从，要么采用同样的方式对孩子发起反击。

很多遭遇顶撞的人，如果对方在出言顶撞之后对他们置之不理，哪怕只是暂时的，他们也会无比欣喜，表现出来的反应并不是愤怒，而是感激不尽，以后对这场遭遇绝口不提。而那些气愤不已，以牙还牙的人，会招致更多反扑性的顶撞，由此开始恶性循环，直到某一方精疲力竭或是起身离开，才算了结。

在某种程度上，明确识别出顶撞行为导致的感受，可以让我们对顶撞行为掌握正确的认知。不过，有时候，孩子们所说的话可能会令人不快或伤心，但也不能被归类为顶撞。

下面这个真实的案例让我们了解到：有些孩子的沟通方式不能被错误地归为顶撞

伊妮德是一位工作繁忙的母亲，经常几个礼拜跟自己6岁的儿子特罗伊都说不上两句话。有一次，在送特罗伊去上空手道课的路上，伊妮德边开车边听着自己的日语课录音带，特罗伊开口说道，"妈妈，我想，你觉得我很烦吧。"这话一下子戳痛了伊妮德的心，因为这让她意识到了自己是在怎样对待特罗伊。不过，这句语带伤感的表达，绝对不能被视作孩子的顶撞。因为孩子说这句话的出发点并非要对家长施以掌控，只是在表明孩子对自己母亲行为的一种看法。从那一刻开始，伊妮德做出了彻底的转变，每天都至少拿出一小时时间来专门跟特罗伊进行沟通交流。

下面整理出的这些话语，也是从孩子们口中说出

有些孩子的沟通方式是不能被错误地归为顶撞的……我们应该认真倾听，然后加以审度，配合讨论，而不要把它当成顶撞的言语而置之不理。

的，尽管会令人感到不适，但并不属于顶撞的行为：

"妈妈，为什么你总是怒气冲冲的？"
"外公，请不要对妈妈大喊大叫。"
"爸爸，你去哪儿都不带着我和妈妈，我不开心了。"
"我真想我们家也有个更漂亮的房子，就跟比利家的房子一样。"
"我实在不想再穿后院大拍卖买回来的衣服了，甭管它们看起来有多新，因为我穿起来感觉浑身不自在。"

这些都是孩子们真诚的交流内容，他们并没有采用抱怨、挖苦的尖利语调，而是用陈述事实的语气来表达自己的想法，所以我们应该认真倾听，然后加以审度，配合讨论，而不要把这当成顶撞的言语而置之不理。

第二步：选择应对方法

要想终止顶撞行为，就要选定某种应对方法，事不宜迟，而且这种方法还必须得是符合逻辑的合理方法。要理解这一步骤，可以先假装你自己现在是13岁。你正在跟家人一起用餐，你开口问道，"这东西真是拿来吃的么?"家人告诉你,你这么说话,他们没法接受,然后你因此马上起身离席,饭后也不像以往一样跟家人一起去吃冰激凌了。在家庭聚会环境中,由于你拒绝用家长所希望的方式来进行沟通,那么触动家长所采用的两种应对方法其实都是符合逻辑的合理措施。你可能会先把吃饭这事儿放在一旁,跟家人沟通一番,同时跟他们一起做一些让他们开心的事情。你用自己肚子饿当成理由来寻求解脱,肯定是会被忽视不理的。

下面给出的是一个真实的案例,展示给我们的则是选定合理应对方法的情形,正确的措施简单易行,而且效果喜人。

案例 4

晚上,8 岁的苏珊正在一位朋友家里。这是她第一次和贝姬一起过夜,她的父母对贝姬不是很熟。苏珊的妈妈朱恩与贝姬的妈妈在同一家保险公司工作,都是公司的高层管理人员。

当晚大约 9 点,贝姬让苏珊给她家长打电话,让他们把录像机送过来,因为贝姬自己的机器不能用了。那时候,贝姬已经连续不断地跟她父母顶嘴顶了好几个小时,苏珊毫不犹豫地给自己的父母拨通了电话,让他们马上开车把录像机送到三四英里外的贝姬家里来。

"可是我们过一会儿也要用录像机啊。"苏珊的妈妈说道。

"我现在就要用录像机!"苏珊斩钉截铁地说道,满是蛮横的语气。"你们的电影可以留到明天再看。"然后,她又翻了翻眼睛,看了下贝姬,"哎呀,妈妈,这有什么大不了的吗?你无非就是站起来,开车,然后帮我送过来就好了呀!"

朱恩清楚地知道,这样的情形发展下去,最有可能出现的结果是什么。"我们这就过来,苏珊",她爽快地答道,"你把衣服穿好,然后准备跟我们回家。"

"我才不要,"苏珊完全模仿着贝姬之前顶撞父母时的语气说道。

"你刚才对我说话的语气和方式特别不尊敬人。你这种行为让人无法接受。"

"我可不这么觉得啊,"苏珊尖声喊道,"我现在才不会回家,你爱说什么随你便,我不在乎。"

"你跟贝姬妈妈说一声,过会儿你就离开她家,"朱恩没理会苏珊的语气,跟着说道,"现在收拾东西,半小时后跟我回家。"

"贝姬要跟你说话,"苏珊准备把电话拿给贝姬,而朱恩直接挂断了电话。不出半个小时,朱恩已经和自己的先生出现在了贝姬家门口。苏珊既没收拾行李,也没跟任何人说家长要过来把她接走。朱恩夫妇跟贝姬还有贝姬的父母说明了自己要把苏珊接走,也解释了其中的原委。两家的家长聊得很是轻松愉快,对一旁因为要被带回家而紧张不已的苏珊不做理睬。

据朱恩说,在后来的任何情形下,苏珊都再没有出现过这样的顶撞行为。必须跟随父母回家这样的应对方法相当的合情合理,因为这是由于她的顶撞行为直接造成的。

下面给出另外一个例子,是从某个教学场景当中选择正确应对方法的情形。

案例 5

谢莉在夏令营工作,主要负责教学生们设计自己的电脑游戏。14 岁的凯文是她教的 20 个孩子当中的一个,非常聪明,对于游戏和电脑全都非常在行,他提出的问题一针见血,简直让谢莉在班里教不下去课。凯文时常在课堂上大声说话,拒绝做老师布置的功课,还挑唆其他同学在功课上偷懒。"他最主要的抱怨是说我们没有足够数量的电脑供大家使用。对于这一点,我也觉得挺失望的,可我们现在没有预算再去额外购买电脑了。"

谢莉解释道，"所以我教给大家前期制作、脚本撰写，以及其他可以用铅笔和纸就能完成的活动——纸笔我们还是准备得富富有余的。尽管条件有限，但其他孩子都调整得很好，直到凯文冒出来，跟大家说，这样一来我们这儿简直成了'真正的学校'，而原本夏令营应该是乐趣多多的，他鼓动大家不再忍受。"对于凯文的行为，谢莉采取了容忍的态度，但也常常像个泼妇一般对他大吼大叫而告终。

在学习了四步法则之后，谢莉找了个机会在凯文身上加以尝试。这天大家刚刚从一家游戏生产公司实地参观归来，"凯文很喜欢这次参观活动，在现场表现得也特别好。可第二天，他在课堂上又恢复了惹人憎的糟糕样子。我跟大家说，游戏公司想要一份学生名单，而名单人选得是我觉得对于游戏测试很在行的学生。当然，凯文大喊着说我应该把他的名字报给游戏公司。"

谢莉突然意识到，对于凯文以及受他影响的其他学生来说，最合理的应对方法是什么。"不要这样，凯文，"谢莉说道，"你已经知道应该遵守纪律，但还是搞得全班不得安生，让我很是难办。我实在没法把你推荐给任何人。"而凯文的反应又是怎样呢？"他发出了歇斯底里的尖叫，"谢莉说道，"他简直不停歇地喊了整整5分钟时间，肺都要喊炸了。"

"然后他说我不能这样对待他。我没有答话。他又开始惊声尖叫，但大部分的小朋友都不再去理会他。跟着他说，'你以为你是谁呀？你没权利这么对我。'"

对于这样的公然顶撞，谢莉则采取了另外一种手段作为回应——那一天剩下的时间里，她都没有再让凯文进教室。第二天，当凯文重新回到教室的时候，凯文问谢莉，如果他表现"特别好"的话，她能不能改变主意，把他推荐给游戏制作人。谢莉用全班都能听得到的声音大声回答，"不行，我不会改变主意的。"凯文叹了口气，开始和其他同学一起动手绘制插画，这可是开营以来头一遭。剩余的课堂时间里，他都表现得很乖。

"老实说，我认为，"谢莉满面惊奇表情地补充道，"这是凯文第一次不得不真正面对他自己所作所为带来的后果。他肯定大吃一惊，同样，其他孩子也是。"

谢莉选择的应对方法非常合情合理。对别人恶言相向，再想让人家好言好语帮自己做推荐，这根本不可能。谢莉很后悔自己没有在凯文第一次扰乱课堂的时候就用上四步法。"我应该当机立断马上就选择某种合理的方法来应对局面，"谢莉说，"下次我就知道了。"

第三步：采取行动

要想快速收获效果，对于顶撞行为必须要推导出能够即刻施行且合乎情理的应对方法。在选定了最为合理的应对方法之后，家长（或其他成年监护人）必须立即采取行动，不论出言顶撞的孩子怎么苦苦请求或是承诺保证，都不能再给他任何一次机会。

在苏珊在朋友家对自己父母出言顶撞的案例里，她的顶撞行为迅即引发了父母的应对方法——作为女儿，她被家长拎回了家。这样做起来其实挺难，但她的家长已经为这一步做好了自身准备。

谢莉老师承认，即刻做出迅速反应非常不容易。"我已经习惯了用'再有一次这种情况，我就……'这样的法子来吓唬他们，而且也一直相信，孩子们是能够说到做到的。从现在起，我必须得让自己当机立断，第一时间采取行动，解决问题。"

谢莉还补充道，要避免说"如果／要是"这样的字眼，更是难上加难。"我们总是自然而然地就对凯文说，'如果明天你还这么跟我顶嘴，我就不会把你当成游戏参赛选手报上去。'或者是说，'你要是今天表现很乖的话，那我就会推荐你去参赛。'我从来没有意识到，我们这些老师其实对恐吓威胁手段以及'如果／要是'这样的字眼有多么依赖。"但是，"如果／要是"这样的字眼是一种讨价还价的条件性词语，而跟小孩子讨价还价其实是在徒劳地做无用功，主要原因有三：

1. 给了他选择权。在出言顶撞大人时，不应该再给小孩子权利让他们继续展示这样的不当行为。顶撞是不可接受的行为，应该到此为止。
2. 讨价还价的措辞会让小孩子掌握主动，赋予他们更多能量，来跟大人谈条件。对于出现顶撞的局面，掌握主动的不应该是小孩子，而应该是大人。
3. 讨价还价的做法会为出言顶撞的孩子争取来更多宝贵时间。如果大人说，"你要是再用那种语调跟我说话，这个周末你哪儿都别想去，"那么其实你是在给孩子创造条件，让她把顶撞的局面拖得更长（因为她知道，到了周末的时候，她还是有机会跟你纠缠，讨价还价），同时令相应的后果又再延续好几天时间。对于家长们来说，"如果/要是"这样的句式意味着，最后通牒会再晚几天才会下达，而那时候，估计家长孩子双方都已经把当初顶撞情形的前因后果忘得差不多了。原来所有那些不爽的感觉全部都会被家长重新翻出来，所以对家长来说，引发结果其实是具备必要的动力的。

当机立断地第一时间针对顶撞行为选定应对措

施，则是一种有效得多的解决方法，下面这个历史案例可以给我们做个参考。

案例6

谢莉在给一个班教授初级电影制作课程，此时的她，能够做到完成前3个步骤。"孩子们必须要集结成组，每一组都得提出一个两分钟影片的方案计划，而且方案还要有开篇、正文及结尾。有一组的3个女孩找到我，说她们组里的另一个女孩琼根本就不听她们的想法。她们说，琼固执己见，用非常粗鲁的顶撞言语，要求其他组员必须要采用她的点子。"

"当我跟琼交流时，她抱怨其他3位组员'差劲极了'，因为她们对她的想法充耳不闻！我告诉琼，其他组员并不喜欢她的表达方式。而琼则回答说，这些人不让她依着自己的心思来，那么挨这些难听的话骂，纯粹是自作自受。"当时，我眼睛都没眨一下，马上就拿定了主意，直接选择了最合乎情理的方法来处理这种状况。我告诉琼，她可以自己一人单独行动。其他3人可以另外组个小组继续，不用跟她捆绑在一起。

"嗯，琼当时就气得不行——她绝对是满心希望我能要求其他3个女孩来服从她的领导。当她看到我心意已决，不会再做改变时，她说我应该再给她次机会，让她试着跟其他组员相处一下。而当琼从骂骂咧咧转为哭哭啼啼，这其实才是最困难的局面。我怎么能这么残忍呢？难道我不知道她天生存在着学习障碍么？但我也深知，我应该坚持下去，不能就此放弃。我告诉琼，她可以'雇佣'（要求）其他同学来帮助，大家可以当演员、做道具、扛机器，而且可以自己决定是否要跟她一起工作。如果大家愿意跟着她工作，那么她就是领导。不过，她是她们这一组里面唯一的组员。琼既当制片人，又身兼导演之职，同时还是编剧，还亲自上阵出演，忙得个不亦乐乎。找'雇员'对她来说完全不在话下，因为其他很多同学不仅仅只希望在本小组里面出一份力，更渴望获得更多的制作体验。他们发现，作为'雇员'，他们得按照琼的指令来做。而琼则发现，自己必须用宽厚和善且公平公正的态度来对待大家，否则人就都跑光了。如此一来，她就学会了如何以适当的方式来对待他人，从而赢得他人的合作。未来某一天，或许她就能成为手握大权的好莱坞知名制片人了呢。"

阿曼达的两个女儿顶嘴成性，她遵从第一步的做法，先明确肯定两个孩子的行为属于对她的顶撞。但是，她所采取的应对措施——把两个孩子送到别人那里去住——可算不上什么合理的做法，而且实际上，这其实是一种家长身份的失职,更是一种投降认输的表现。因此,这样的做法完全起不到什么作用。

女儿们一回到家见到阿曼达,尽管一开始还是母女开心、其乐融融,但很快,局面就会急转直下,女儿们开始顶嘴,继而升级到恶言相向,大呼小叫,最后阿曼达又把她们扫地出门,再见面又是好多天后,周而复始,往复循环。最讽刺的是,有一次吵嘴吵得不可开交的时候,一个女儿说,她们绝不敢像跟自己妈妈说话这样的方式对跟她们同住的亲戚说话。她们对亲戚绝对是毕恭毕敬的!

在面对顶撞行为需要选定应对方法并且采取实际行动的时候,有几点很重要的地方需要牢记:

- 只表述你自己的想法或感受,不要去评判孩子的话语或行为是对是错。例如,你可以面不改色,用一种就事论事的平静语气说,"我觉得这样的说话方式挺失礼的,让我感觉不太痛快,所以我不打算带你去苏西家了。"而不要说,"你这个说话拐弯抹角的小破孩儿,你今天哪儿都别想去了!"即使孩子出言不逊,家长在说话时也应该让自己的语气尽量有礼貌,而不是那种满怀恨意的报复语气。比如,你可以说,"我觉得这样说话会令人很不高兴的。"而不要说"你怎么又用这种差劲儿到家的态度跟我说话！"

- 不使用报复性的词语，语气恭敬，即使孩子不是这样对你的。例如，可以这样说："我觉得那个字眼令人不愉快。"而不是说："你再也不要对我说脏话了。"
- 后果只说一次："你那样称呼我，我感觉很不舒服，很伤心。今晚上我都不想给你买那双新鞋了。"不要对你的决定做出解释或说明。尽管孩子们可能会想尽办法把你说服，但其实他们自己是能够分得清哪些合理、哪些不合理的。
- 让你所采取的应对方法与孩子的无理举止挂钩。例如，直接跟孩子说明，一旦他们出现顶撞的行为，他们马上就会面对自身行为所引发的后果，家长会对他们采取行动："因为我让你把自己的玩具收起来，但你却管我叫傻瓜，那我就把玩具都收走，你先别玩儿了。"不要动手打孩子或是说，"你个死丫头，你嘴里最好别再冒出这个词儿。"
- 如果孩子开口求你再给一次机会——比如他们会说"你要是今天晚上给我买了那双新鞋，那明天我就能穿着它去吉米的聚会了，我保证，我绝对绝对不会再这么说话了！"——家长们可千万别让步啊。要想掌控局面，唯一的做法就是谨遵四步法则。没错，有时候，照章办事会让家长孩子双方都感觉挺难的，但作为家长，这是你需要承担的一部分责任。

- 把你的感受作为一种后果。可以说"我感到很受伤。""我感到愤怒。""我感到无助。"把这些作为你强加后果的理由。你有权利不想为那些对你不好的人做好事。只是就事论事,而非进行报复。如果以一种"我会报仇的!"的语气来说,那上面这些例子都带有报复性。

回应顶撞话语,该说什么,不该说什么

面对顶撞话语,家长们可绝不要做出下面这样的回应:

- "你说什么?"孩子们几乎都会回答,"什么也没说啊。"然后你就会跟着说,"我听见你说了。"孩子们则会继续否认,坚称自己什么也没说。接下来就是大人小孩纠缠个不停,逐渐孩子就会占据上风。
- "我听见你说什么了。"孩子们通常都会是嘟嘟囔囔,顾左右而言他地回复,"我随便说说啊!"或者是"什么?我说啥了?"最后还是他们掌握局面。

面对顶撞话语,家长应该像下面这样给予回复:

- "你这么说话/这么做让我觉得特别伤心/特别累(或者是说出你的感觉)。所以,我不打算……

了。"你明确指出孩子的所作所为，说明他们行为所造成的后果，然后，掌握局面的就是你了。

- "在我们家/在我面前，不允许这么说话。所以，我准备……"沟通的准则由你来设定。
- "我不允许你用那种语气（那种讥讽的态度、那种哼哼唧唧不停抱怨的方式）说话，"或是"我不允许你用这种手势瞎比划/乱翻白眼。"这样你就把自己的位置摆清楚了。

（在第五章，也就是记录册一章当中，我们还会介绍更多关于选定应对方法并采取相应行动的内容）。

第四步：从对抗中抽身

之前我们已经看到了很多个案例，从一开始就施展前三个步骤的话，那么通常跟随而来的就是一场抗争。只有阿曼达通过让女儿们离开家的方式，才能避免抗争局面的出现。所以，她也就错过了第四步——从孩子们怒不可遏的情绪当中抽离出来。第四步其实至关重要，因为我们需要让孩子们看到，无论他们怎么闹，爸爸妈妈已经处理完这起纷争，稳稳当当地做应该做的事。通常，孩子们都会很快就怒气冲天，一通乱发脾气。而最终，他们会放弃言语顶撞这种行为上的表达，正是这种行为导致了让她出离愤怒的后果。

还有一种方式来考虑第四步：从纷争中抽身出来的家长，其实表露出来的是：对于你这种抗议行为，我根本就不感冒。于是，孩子也就会明白，这样做并不会让他拿到什么好结果或是吸引来家长的注意力，再做出什么报复性的行为，只会让他感到更加失落，更得不到他所渴望的那种归属感。

在案例2当中，妈妈本来可以把仙迪带回她的房间，从而让自己从那种局面当中脱身。如果孩子已经不小了，家长拖不动也抱不动，那么我们建议家长自己离开房间，去找点儿别的事情做。这样做的关键在于，不要去跟孩子争吵什么，也不要抱着让双方一起讨论一下的幻想，更不要妄图想阻止孩子对自己的苦苦哀求以及抗议行为。

更多助你抽身的方法

无论什么时候，只要出门玩儿，就随身带本书。要是遇上实在没法子，只能把顶嘴的孩子从博物馆或戏院里带出来，在外面等候家人完成游览的空当，你也不至于无事可做。你可以跟孩子坐在车里等候，你自己先读会儿书，而不在这段时间里跟孩子争论个不停，甚至火星撞地球似的吵上一大架。如果说孩子在旁边让你无法安心读书，你可以带些要处理的文件、待回复的邮件，甚至是写篇日记。

在你选定了合理的应对方法并采取行动之后,你要让自己从中抽身出来。

当你需要让自己从此类孩子顶撞行为的局面当中抽身出来时,你所选择的带孩子的人应该是成熟可靠的大人,他们并不一定特别招你的孩子喜欢,但一定得能够按照既定计划行事,让人感觉靠得住。这时候可不能找那些十几岁的少年人,你的孩子可能会觉得跟他们相处乐子很多,比跟你在一起开心多了呢!

此时的关键之处在于,在你选定了合理的应对方法并采取行动之后,你要让自己从中抽身出来,不要让孩子从你的身体语言、声音语调或面部表情上看出你对他们的任何回应。很快,孩子就会缴械投降,因为他们的所作所为再也不能吸引到你,引发你的负面情绪——难过、愤怒、无助或是被激怒——而这种负面情绪正是他们希望激起的,孩子们希望由此让自己感觉被重视,哪怕这种重视是来自于他人的厌恶之情。

在第二部分当中,我们会更详细地介绍如何施展我们的四步法则。

第三章
实际运用中的困难

　　一般说来，学会分辨什么是顶撞行为很简单。而对于家长们来说，第三步，也就是采取实际行动，往往是最困难的。采取行动需要当机立断，立竿见影，没有重来的机会，也没有时间去考虑孩子们所应承的"会乖乖的"或是"决不再这么说话"。大部分孩子都觉得这种不给第二次机会的做法会把他们气得半死，简直匪夷所思，完全是对他们权利实实在在的侵犯。

　　所以，为什么不给他们第二次机会呢？

　　主要原因在于，当机立断地采取行动会起到立竿见影的效果，让局面戛然而止。

　　第二个原因在于，如果退一步，给孩子第二次机会的话，比如说"你要是再……一次，我就……"往往只是一种空洞无用的威胁之词。家长们可能本身并不希望威胁毫无用处，但如果孩子真的"再一次"顶嘴的话，家长们往往就会感觉很泄气，没有精神头、时间，或是足够的气势去收拾孩子了，而此种情形下的孩子或许只是用这种法子来对家长进行试探。

第三个原因则是因为再给一次机会，可能还会引发过激反应。家长知道，当孩子又一次顶嘴的时候，自己必须要有所行动，这样家长可能就会积攒过多的怒气，一次性爆发出来，让局面失控。孩子如果真的又一次出现顶嘴的情况，可能会让家长比常规情况下生气得多。

第四条原因在于，给孩子第二次机会的话，就会让他们占据上风。这样会使得孩子能自己决定是否要再次顶撞家长，这也就赋予了他们力量左右全家人的情绪。随随便便再招呼一下，就能把每个人都治得服服帖帖又气得无可奈何——对于孩子来说，这种称王称霸的感觉多让人陶醉呀！

简而言之，必须让孩子知道，每一回顶嘴，他们都必须得面临家长采取的措施——只要一开口顶撞，那么马上就会有后果呈现出来！

不过，你可能仍然会感觉自己像个大独裁者，因为很多育儿书籍、顾问或是其他专家——更不用说你的孩子以及其他家庭成员了，大家都在努力让你感觉自己就是个专治蛮横的家长。这些个"专家"着了魔似的信奉一种所谓的先进理念，认定家长对待孩子就得像朋友一样。

不论是作为家长本身，还是什么其他人，都应该意识到，设定家庭中的情感基调，树立规矩，知道孩子按照家规行事，这些全部都是家长的职责。家长应该教给孩子如何让自己感受到自身的重要性并掌握好归属感。家长必须要教会孩子采用何种行为方式才能让自己在家庭当中找到积极正面的归属感。而这一切，并不是靠在孩子犯错时再给一次机会的做法来实现的。对于家中不可接受的错误行为，给出合理的后果，这才是针对问题的解决之道。

如果你需要找到充分的理由让自己信服，对顶撞决不能给第二次机会。这里就有一个有力的证据：给孩子第二次机会，也就等于你教给他只要提出要求，就可以指望其他人，比如老师、配偶、朋友、雇员会再给他第二、三、四次机会。我们必须让孩子明白，顶撞会对他人造成影响。如果他永远不知道自己的言语会给别人带来怎样的感受，那么他们就不可能学会感同身受。对他人缺乏关心的孩子不会尊重别人，因此也就无法培养出自己的那份积极正面的归属感，而这份归属感却是实现生活圆满愉悦所必须的。

我们知道，要做到"当机立断、选定方法、采取行动"很难。不仅你会有这样的感受，那些和善、心软，总是自己让步和原谅孩子的家长会感觉更加艰难。家长柔和的处理方式总会被自己的孩子所左右，到头来还是孩子依自己的性子为所欲为。当机立断地选定合理方法，采取行动，这需要坚定的决心、成熟地思考，以及足够的勇气。而在情况发生的一瞬间，你可能根本无暇考虑到这些。

我们还应该知道，在未来的日子里，待孩子长大成人之后，他们在谈起自己的家长曾对自己设定的行为规范时，一定是心怀感激的。

下一个案例来自于奥德丽·瑞克的真实经历。这个案例向我们展示了针对孩子顶嘴问题四步法则的完整四个步骤。

案例7

我永远也忘不了痛苦至极的那一幕，我的儿子出言顶撞，而我第二任丈夫在第一时间就想好了应对方法，直接采取行动解决问题。儿子诺亚用那一贯种刻薄的语气对我说话，比如"我才不帮着洗碗呢，你别想让我做任何我不想做的事儿！"而当他也用同样的语气对继父这样说话时，我的丈夫立即采取了合理的应对措施，他让诺亚自己一个人把所有碗盘洗干净。他把诺亚叫到厨房里去，碗盘没洗干净，不许出来。儿子高声尖叫，目光望着我。我知道，面对我们未来的生活，必须要在此刻迈出这第一步，于是我移开了目光。对于诺亚来说，在他的生命中，这是第一次有人违背他的意志，要求他去做自己所不愿做的事情。把目光移开的举动，让我不仅辜负了儿子的期盼，同时也违背了几位儿童教育从业者所灌输的理论——夏山学校的创办人 A.S. 尼尔和斯波克博士认为家长始终应当扮演孩子最好的朋友；我儿子的心理医生认为诺亚的顶嘴行为其实是他内心深层次压抑感受的一种健康释放；我的母亲，她一直跟我念叨，这么可爱的小男孩，做什么都是对的，只要宠着他、惯着他就好了。那时候，我相信，我自己其实是在培养一个挥着斧头的杀人犯、一个连环杀手、一个没出息的废人，或者说就是个少年混混。

面对这样的斗争局面而置身事外，对我来说，困难程度真的简直难以承受。我坐在客厅里，努力想读进去点儿什么，我的丈夫则在一旁看着电视。我敢肯定，儿子在厨房里肯定会叮叮咣咣地把所有盘子都给打得粉碎。差不多每隔五分钟，我就得克制住自己想要冲进厨房看看状况的念头。不过，过了差不多半小时之后，儿子从厨房里走了出来，很是漫不经心地说自己已经把所有碗盘都洗干净了。从那之后，家里洗碗的活儿就成了他的固定任务。在洗碗这件事上，诺亚再也没有跟我丈夫顶过嘴，跟我也是。

我的意思并不是说自那之后我们一家就总是乐乐呵呵一团和气。我想要说的是，从那一刻起，我开始明白，行动远比话语奏效得多。

第二部分
付诸实践

第四章
实施四步法则

根据前文进行的相关阐述，那么在下一次孩子顶嘴时，家长就可以立刻开始实施我们的四步法则。不过，在这种情况下，如果有某种过往经验可以发挥积极正面的作用的话，那么我们也可以取而代之，从而达到更好的效果。就好像在一个从没发生过孩子顶嘴情形的家庭中，大家总是和平相处，波澜不惊。

孩子不会顶嘴的家庭

有些家庭，压根不存在孩子顶嘴的现象，这就反映出了家庭中充满的浓浓爱意，家人之间彼此的亲密照应，互相关心陪伴的融洽氛围，以及一家人对家庭生活的珍视。

如果家庭中不存在孩子顶嘴问题，那么这对每一位家庭成员来说都是积极快乐的。这样的家庭充满着对彼此的尊重、鼓励与关怀。如果你没有意识到这是一种怎样的家庭氛围，那么我们建议你出去逛逛，去看看其他家庭是怎么样的，心里想一想，自己所喜欢的家庭氛围是什么样子。

有些电影和电视节目同样也能向我们展示和谐家庭中彼此互动的积极范例。虽然有时会描绘得过于理想化了——期盼自己的家人总能像迪斯尼电影中那样一团和气，其实并不现实。我们这里所提倡的，只是尽可能多去观察、体会没有顶嘴的家庭中的日常点滴。

也有一些电影和电视剧，当中的家庭成员总是迎合顶嘴的孩子，满足他们的各种需要。你也会发现，快乐的家庭并不一定总是那些核心家庭。比如说，《浮生若梦》（*You Can't Take it With You*）这出戏讲的就是一个其乐融融的几代同堂大家庭的故事。

你也可以读些传记。在《爱是一座桥》（*Love Can Build a Bridge*）这首歌当中，内奥米·贾德就描述了她年少时一家人彼此相亲相爱的美好情景。她的母亲总是让孩子们感受到，子女给她的无比快乐。孩子们所接受的教育，也是在提倡尊重长辈及彼此，哪怕是有点古怪的人物。

国家地理频道曾经拍摄过一部关于亚马逊雨林的纪录片，片中所倡导的理念就是家庭的和睦快乐并非构建在金钱之上。在这部纪录片所探访的部落当中，所有的部族成员就像是生活在一个超级大家庭当中，大家一天24小时都生活在一起。部族当中的一个年轻女孩嫁给了一位美国的人类学家，并随丈夫移居到了新泽西，她很努力地调整自己，以便适应全新的生活，而这段新生活中的每一点一滴，都是其他美国人所向往的——两个机灵可爱的孩子、漂亮的衣衫、精致的独栋房屋、和善可亲邻居。他们的财力足以应付在各家精品店内的消费，包括汽车，并且她也迅速地融入了丈夫所处的精英社交圈。

然而，不到 5 年时间，这个女孩就重新回到了雨林当中，重回自己"真正"家人的怀抱，生活又回归以往：几乎赤身裸体，住所是山坡上的小窝棚，每日编藤条，狩猎刚刚打回来的成果，放在手工捏制的陶土锅里，火上随便煮煮，就是一餐。跟在雨林里与自己的家人共聚一堂的快乐相比——贵宾购物待遇、华丽的店铺、琳琅满目的高档商场，完全不值一提。原因何在？女孩的解释很简单：在新泽西，她很孤单，一整栋房子里，只有他们一家人。在纪录片结尾处，这位女士坚持让她前夫把他们的大女儿送回到部落，让孩子在她自己小时候所经历的环境中长大。部落中有着自己的一套运转的规则，例如不允许吵架，以及每个人都要完成分配给自己的那些零碎杂务。不过，大家每一天都在彼此的陪伴当中幸福快乐地生活。

在狩猎采集社会当中，家庭成员之间那种始终如一的亲密关系，能够杜绝顶撞发生。而在我们的社会文化当中，在物欲横流的价值观引导下，滥用药物及身体虐待的现象却屡见不鲜；某些习俗及信仰似乎与家庭成员的快乐相悖，在这样的环境下，持久的亲密状态很难实现。不过，除却这些障碍，通过努力、多加实践，以及预先规划，你同样可以享受到天伦之乐。

如果你对自己所期望行为举止怀有明确的概念，那么在面对顶撞时，你就能够更加轻松地面对并处理。任何可能对这份概念造成破坏的沟通形式，你都会尽量避免。

一旦头脑中有清晰概念，你就知道究竟怎样的语气语调、说话方式，以及肢体语言是你所不希望出现在自己家中的。讽刺挖苦、翻白眼、说话没好气、答话时态度恶劣、无缘无故的言语攻击，你都不需要容忍姑息。家长们要以身作则，以彼此尊重的行为举止为孩子树立榜样，这样做对孩子有益无害。生活在和睦快乐家庭中的成人，通常采用以下的沟通方式：

- 当家人走进房间的时候，感到开心，并报以微笑；
- 当有人来到或离开家中的时候，会打招呼或说再见；
- 询问家人一天中的学业、工作或休闲活动进展如何；
- 倾听家人的回答，留心内容，并发表意见。如果情况有必要加以探讨，还会提出更多的询问。

下面给几个例子，在这些家庭中，消极负面的沟通方式成为了生活的主流。

拼个你死我活的家庭。在这样的家庭里，孩子们必须彼此竞争对抗，以博取家人的关注。他们的行为举止充斥着叛逆与暴力，同时（或者）拼命争取去掌控他人，这样他们才能比其他孩子博得更多的关注。乔与罗斯·肯尼迪的家中就是这样一番你争我夺的局面，进餐时间简直就成了孩子们比赛谁最霸道的厮杀战场。

静默不语的家庭。在这类家庭中，一家人很少进行语言交流或是共同进餐，也不会进行其他方式的互动。有时候，一家人疲惫不堪，根本不想搭理彼此。也有些时候，他们因为外部的事情而愤怒躁狂，完全开心不起来。还有些时候，作为静默家庭当中的大人，家长自身就不清楚能提供给孩子们什么样的环境。

残暴粗鲁的家庭。生活在这类家庭中的人，他们把家当成是自己的恶劣情绪的发泄场所，家人成了他们的撒气桶。并不是说这样的家庭中充斥着恶言辱骂，而是说，这样的家庭往往被愤怒的情绪所淹没，空气里体会到的都是消极负面的气息。家人们之间彼此的对话往往无理而粗暴，一开口说话——其实也并非全是恶言相向，但就是很少会说些令人开心的话。有时候，这类家庭中的愤怒情绪是专门针对家人中的某一个倒霉鬼的。在自传当中，玛丽·泰勒·摩尔就暗示自己的父亲就是家中的那个倒霉鬼，家里每位女性都对他冷语相待。

紧张不安的家庭。如果家中由某位，或若干位成年人属于我们所说的那种神经脆弱敏感，同时又喜欢发泄暴脾气，时不时因为情绪紧张而发生一段段小插曲，或者上演一出不开心的戏码，那么家中的其他大部分成员就会"捕捉到"那份脆弱神经的爆发。这就好像是行走在钢丝绳上，颤颤巍巍，总处于一种高度紧张的状态当中。简单地问一句"你还好吧？"得到的可能会是"你问什么问？"这样疑心重重的答复。每个人都担惊受怕，唯恐自己一个小错误举动就会导致对方恶劣情绪的全面爆发，这样的家庭往往也被描述为气氛高度紧张，人人神经绷得紧紧，或者像是爱丽丝·麦格罗曾经描述的那样，她说自己的家庭完全就是"怪异到不可思议"。帕蒂·戴维斯是罗纳德·里根和南希·里根的女儿，她认为自己的童年是在一个充满紧张气氛的家庭中度过的。

所有这些家庭气氛的形成，缘由都在于家人所采用的沟通方式。所有这些沟通方式，都会成为滋生孩子们顶撞的温床，因为这些沟通方式能够帮助孩子们通过恶言恶语的负面表达方式获得归属感，博取重视。如果你的家庭属于上面几种范例当中的一种，那么你可能需要在这本书之外再去寻求额外的帮助。不过，你也可以抖擞精神，付诸行动，而不要只是一味地强自忍受。

做好准备，让自己的家庭远离顶撞冲突

如何才能让自己的家庭气氛更加积极融洽，所有成员和睦相处呢？方法有很多。主要的一条法则在于，要明确成年人应肩负的责任，营造家庭气氛的基调，同时还应确保这种家庭气氛是积极有益的。下面就给大家介绍几种相关的方法：

- 尽可能多些时间留在家里。内奥米·贾德称，她对母亲最为感激的一点就是"她总在我身边"。
- 在家里来客人时要保持开心。家里无论来了谁，都要给对方拥抱、语言上的问候以及大大的笑容。
- 问候对方近况如何，事项进展怎样。记得对方参与的工作或事务有哪些，这样提问就能针对各人生活，有的放矢。
- 记住别人的生日和其他重要纪念日，安排特别的聚餐或是以小礼物表达谢意。礼物可以简单，甚至滑稽搞笑——我们认识的一位母亲就安排了一家人开展竞赛，看看谁能在庭院售卖的二手货当中选出最离谱的生日礼物——这样他们就能够让获胜者感受到独特的体验。

家庭和睦的一条法则在于，要明确成年人应肩负的责任，营造家庭气氛的基调，同时还应确保这种家庭气氛是积极有益的。

- 把聚餐搞成大庆典。给每个人都安排一项准备工作。如果平时工作日安排不方便的话，可以提前策划，安排一场特别的周末晚餐聚会。
- 确保每个人都能各尽其力，为家庭的维护及运转发挥所能。每个人都应肩负起一份实实在在的职责，同时这份职责也应受到他人的认可。
- 对于每一种会对家庭带来不快气氛——比如孩子顶撞的行为，务必令其改正。你不需要等到顶嘴出现才开始着手应对，一旦体察到任何苗头，就可以立即施展四步法则，并加以观察。家长中的某一方或双方都能针对顶撞坚守"四步法则"，他们也就表露出自己对家庭的尊重。他们坚持了自己的立场，认为这个家庭应该受到各人的重视，而不应以恶言对之，生活在这个家庭当中是一种荣幸。当孩子们看到家长对家庭的珍惜与重视，他们通常也就会变得尊重家人，以自己的方式让家庭中充满更多的欢乐。
- 体会一下家庭对你的重要意义，想一想每位家庭成员所给你带来的快乐。

给孩子归属感

- 留心关注一下孩子对家庭的付出，以及他们在分派给自己的任务中所取得的进步。比如说，"今天早上你把房间打扫得可真干净。谢谢你的帮助呀！"
- 用大幅的彩色图表来显示各位家庭成员所负责的家务活。
- 孩子们完成各自的家务活之后，让他们去互相检查一下图表中任务的完成情况。
- 定期组织全家人外出活动，比如去逛逛冰激凌摊、前往图书馆或是参观博物馆。
- 设立一个家庭图书俱乐部，每个人都拿到一些书，然后大家定期碰头讨论。
- 安排家庭烹饪课，这样每个家庭成员都能够从小就学会在做饭的时候搭把手。
- 让孩子们规划出一整个月的家庭外出活动计划。给他们设定一个预算及距离范围供参考。
- 让全家人为圣诞节准备一份视频文件。采访一下成年的朋友以及家人，问问他们在年少时都玩儿过哪些有意思的活动。
- 帮助孩子们整理穿过的旧衣物和旧玩具，捐给有需要的儿童。

上面给出的大多数建议都有助于全家人安排好各自负责的任务。诸如外出短途旅行之类的其他活动安排，因为活动内容的固定模式，有可能因为出现孩子顶嘴现象而失却某些特别的家庭乐趣。

强化你解决问题的能力

你所认识的每个人都会成为测试者,考验你在应对孩子顶撞问题方面的应对能力。大家会对你说出下面这些形形色色的话,成为你做出改变道路上的拦路虎:

- 你没权利改变这一切。
- 你做好自己本分就行了。
- 孩子顶个嘴而已嘛,你的反应也太过了点儿。
- 你没权利把自己的标准强加在孩子身上哦。
- 你抓狂的样子好可爱,不过没人会当真的。

也可能会有其他的鬼点子用在你身上。为了阻止你做出改变,人们的态度也有可能千变万化,有时候只是温和地开开玩笑,有时候却可能会出离愤怒。你自己得做到心无旁骛,完全不把它们放在心上!(在第六章里,我们会有更多内容介绍其他人为了给你搞破坏、阻止你在应对顶撞问题的道路上做出改善而施展出的各种匪夷所思的法子)。

无论在任何情况下,都要坚持自我,朝着你所认定的方向而努力。记住这样一个概念或许会对你有所帮助,那就是,家庭其实就像是一座剧院——你身兼导演及布景师之职,场景氛围如何设定,全由你来掌控。或者,如果你愿意的话,你也可以把自己的家庭设想成一家餐厅，你的审美取向也延伸、渗透到了员工彼此交往及接待顾客的点滴礼仪当中。餐厅里的情调气氛，由你来选择。同样，你的家庭中呈现出怎样的情绪，只有靠你来决定，而且是通过一种有意识的、清晰无误且经过预先思量的方式确定出来。

把你的改变昭告天下

如果你觉得有必要，那么你可以在家庭会议上向大家宣告一下自己在孩子顶嘴问题上的观点与立场。不过，要记住：你是在宣告——宣告，而不是讨论。快速、清晰地宣告就好，然后就进入会议的下一议题。如果你不喜欢当众宣告这样的方式，那么你也可以把各桩顶嘴事件逐一有针对性地加以解决。有那么三四次实施四步法则的经验之后，孩子们就会明白你的态度了。不过，在你还没有意识到孩子们已经接受你的观念之前，他们可能会想尽法子让你很奇怪，或者是认为你严重侵犯了他们的权利，你坚持的新原则让他们无法展现自我，一个个变得逆来顺受，呆若木鸡，因为饱受压力而毫无活力……你肯定明白的，简而言之，他们会花招百出地让你自己内疚不已。

如果出现这种情况的话，你应该调整自己的心态，做到下面这几点：

- 保持快乐的情绪，表现出坚定不移的态度，不要有顾虑。
- 面对任何情况，都要时刻备好应对措施。
- 如果第一次尝试四步法则并不奏效的话，别感到灰心气馁。这些法子迟早会发挥作用的。
- 不要让自己陷在愤怒的情绪里、跟孩子们争个不休或是解释个没完。保持尊重、和蔼，但态度坚定。

像第五章内容中介绍的那样，配合练习册、坚持做好记录，能够帮助你明确自己为家庭设定的目标。它会提醒你，家庭中的氛围，应该按照你所期待的那样、由你来决定。

学会调节兄弟姐妹之间的关系

在你的孩子当中，或许已经存在着像下面这几种联合顶嘴的情况了：

- 家中顶撞现象的调子可能是由某个大一点或是在家里掌握更多话语权的孩子来掌控的。
- 不同于其他孩子的是，家中最年幼的孩子可能会模仿别人的顶撞行为，因为通常他们的顶嘴问题往往会被大人放过，免于惩罚。
- 有可能会两个孩子联起手来一起顶撞你，让你懊恼不已。

一旦看到你对他们的顶撞行为做出了怎样的反应，孩子们可能会结成新的联盟。他们可能会表现得就像一群生活在残暴监护人蹂躏掌控之下的孤儿。他们可能会表现得满心自哀自怜，联手结伴；也可能投靠在那些他们认为对顶嘴更宽容的家长那里，对你冷眼相待；也有可能某个孩子私底下悄悄地讨你欢心，而在别人面前表现得若无其事。

你需要了解所有这些孩子们的结盟方式，他们之所以这样做，其实就是为了能够让你受制于他们。孩子们会把所有的政治计谋都发挥个遍。无论是对某个孩子、一群孩子还是谁跟谁的结盟，始终都要坚持你的四步法则。

针对年龄差异，变换不同方法

就所有孩子来说，四步法则的核心原则是统一不变的，不过，针对不同年龄段的孩子，我们可以将原则加以不同运用，采取不同的应对措施。

3 岁到 8 岁

3 岁之前，孩子们往往意在设定边界，表现自我和体察周边世界。正因如此，他们的话语不会被视作顶嘴。不过，到了 3 岁之后，孩子们的沟通模式开始形成，因此需要对他们加以指引。孩子们会有很强烈需求，寻找自己在家庭中的归属感，因此，他们必须要学习相应的社会行为模式，以帮助自身通过积极正面的方式实现相应的目标。

认清哪些情况属于顶嘴。最管用的经验法则就是：如果说话的内容、语气或手势让你感觉不快，那么这就是顶嘴。从一个4岁孩子口中说出的"你这个粑粑，我讨厌你！"和一个8岁孩子说出的"你简直就是一坨屎！"同样不可接受。

选定某种解决方法。对于这个年龄段顶嘴的孩子来说，最好的解决方向或许就是立刻让他们终止参与家庭活动。

实施解决方案。当孩子开始顶嘴时，你可以用轻松愉悦的态度说话，让你的情绪反应表现得最小。"我们家里可不许这么说话，卡尔。你这么做，就表示你不想和我们一起待在这儿。可能过20分钟你会改变主意，做给我们看，表示你还是希望留在这个队伍里。"然后你把不断尖叫着的卡尔拎回他的房间。

别的孩子可能会说，"他不是那个意思，"你可以回答，"卡尔需要弄明白，在我们家里应该用怎样的方式说话。他年纪还小，这是个教他懂道理的好法子。"接下来，对于卡尔在房间里的大呼小叫，以及往墙上扔东西、摔摔打打充耳不闻。（不过，打破玻璃的声音还有飘出的烟味儿，要提起注意。）没错，面对他的苦苦哀求,你必须得克制住自己,不要心软动摇,最终的成果会让你明白,这份付出是值得的。

从争斗中抽身出来。一旦卡尔被带离现场,你就可以忽略掉从卧室中传来的他的阵阵嚎叫,迅速找出另一项活动来吸引全家人的注意力。任何积极活跃的活动都没问题——你们可以讨论一下即将到来的生日晚会,筹划一场周末旅行,做些点心,甭管什么,只要能够带动气氛、产出成果、不让大家把注意力放在卡尔身上就行。你要让全家人看到,大家乐于参与的是各种有益的活动体验,而不是去关注顶嘴之后会有什么后果。

9 至 11 岁年龄段

认清哪些情况属于顶嘴。在这个年龄段,孩子们的顶嘴通常已经有了自己的语言表达套路,所以他们的顶撞言语会明确表示出,他们发现,家长也并非处处完美:

"你真是土透啦!"

"你别想勉强我。"

"唐尼妈妈每次都是自己一个人把家里收拾得干干净净的。"

"唐尼的妈妈赚钱可多了,你怎么就不行呢?"

选择解决方向。这种情况下，你需要的不是去关注顶嘴的内容，而是要搞清楚自己面对的顶撞言语属于何种类型。不论孩子的言语令你感到多么痛苦，你千万不要为了彰显自己的正确性或是重要地位而出言对他的表述予以否定（"我赚的钱很多，比汤姆的妈妈赚得多多了，她都根本不去工作呢！"）或是使用防御性语言（"要是我不出去工作挣钱的话，我也能待在家里收拾得干干净净。"）

你需要拿走某些东西，取消某项孩子长期以来所盼望的优待，或是拒绝发给孩子某一样他所期待的奖励。你只需要确认，你所选定的解决方向，是以一种符合逻辑的方式与孩子的顶嘴关联在一起的："这种语气和用词对人不尊重。所以，我不太想花时间精力去做你想要做的事情了。我已经决定了，今天晚上不打算开车带你去乔伊家了。现在我就给他妈妈打电话，取消今晚的活动。"注意千万不要用充满报复性的语气来跟孩子说这些，而是用一种实事求是的陈述语气。用针锋相对以牙还牙的方式对话，只会让你的孩子在顶嘴的道路上越走越偏。实际上，对他人缺乏尊重会带来伤害——你对他人表现出尊重，那么就不会受到伤害。因此，此时的你，其实并不愿意对孩子表现出和蔼可亲的态度，也并不愿意为孩子做些什么。

实施解决方案。约翰吱哇乱叫，而此时，你则必须要给乔伊的妈妈拨通的话。告诉她，约翰不乖，不尊重他人，所以他今天不能过去找乔伊玩儿了。要是约翰的情绪进一步升级到暴怒的程度的话，就采取第四步措施，把他带出房间。

从争斗中抽身出来。 如果约翰还是在自己的房间里继续嗷嗷抗议，那么你可以开始跟其他家人谈论一些即将到来的有趣的活动，或是自己做点儿什么——比如去散个步、收拾院子，或是读本书。

12 到 14 岁年龄段

认清哪些情况属于顶嘴。 十几岁的少年，已经意识到，家长不光只是不完美，而且简直就是荒唐透顶。青春期的叛逆少年口中冒出的顶撞之言，通常都会令听者感到十分丢脸。"你什么也不懂"或"你完全不懂怎么穿衣打扮"或是化妆、买车、运动健身之类的。他们会用话语对你做出评判，让你感觉自己完全就是个生不逢时的狗熊笨蛋。

选择某种解决方向。 最好的解决方向就是采用某种合乎逻辑的方式，而其中包含的具体行动，在十几岁的子女看来，你根本就不敢去做。例如，在案例1（引言部分）当中，妈妈过来问儿子，汉堡想要几成熟，而十几岁的少年却用这样的言语来顶撞自己的妈妈——"哎哟！难道你没瞧见我正看比赛吗？"在这种情况下，对于母亲来说，合乎逻辑的解决方式就是：她告诉乔，他的这种语气不可接受，然后根本不给他预备晚餐，让儿子自己目瞪口呆。

实施解决方案。家长需要做到的就是，毫不留情。乔没有好好回答妈妈关于汉堡要几成熟的问题，引发的结果就是他压根得不到汉堡吃。对于很多母亲来说，她们所选择的方式会是站在一旁，强压怒气，等着乔这样的孩子最终吐口说"煎嫩点儿""半熟吧"或是"无所谓"这样的答案。然后就去按照乔的意思做汉堡——这样做只能是教会其他孩子怎么去顶撞妈妈，看看家里谁说了算，而其实目的只是图个乐子。

从争斗中抽身。正如前文所述，第四个步骤要求我们，无须挂怀顶嘴孩子是否还在不满抗议，家长只管继续自己的生活步伐就好。不过，你的生活，是否依然过得有滋有味呢？当家中青春期的孩子日渐长大时，对于家长来说，拥有属于自己的优质生活就会变得尤为重要。这个时候，已经没有什么事情能够真正对他们的内心有触动了。这里的微妙之处在于，可以让自己做一个全身心投入的家长——但是不要让自己变得除了对享受儿孙天伦之乐的期盼外一无所求，成为一个在其他方面忍气吞声的受气包。把自己的注意力从顶嘴的孩子身上挪开，转移到你生活中的某个其他话题上，这种转移的速度越快，对于你那一张口就开始顶嘴的叛逆期孩子来说，他的气焰被消减得也就越快。如果有哪样事物是你那青春期的孩子所在意的，那应该是其他人的生活——尤其是他并不参与其中的生活。

15 岁至 20 岁年龄段

认清哪些情况属于顶嘴。对于这个年龄段的孩子来说，他们要顶嘴的话，直接就是采用简单粗鲁、毫不客气的方式。他们这一拨青少年，基本上没有几个对自己的父母以礼相待的。他们要么是嘴里嘟嘟囔囔，对你嗤之以鼻，要么就是嘴巴里塞得满满的发出些怪声（这种情况最常见），又或者是明明可以彬彬有礼地答话，偏偏要故作沉默。非得要孩子答话的话，可能会搞得他们噘着嘴，老大不乐意，"能让我歇会儿吗？"或"没看见我这正忙着呢吗？"或"老天呐！我根本不需要这个！"所有这些牢骚抱怨其实就相当于是暗中潜伏的隐患，带来的将是无穷的恼人后果。

选择某种解决方向。这个阶段的青少年尤其难以对付，因为此时的他们已经对自己这套方式轻车熟路，知道这样也引不出什么后果来。如果你是刚刚开始跟他们在顶嘴问题上斗智斗勇，可以先思索一下，有哪些你提供的东西是他们需要的——住所、食物、关爱、照顾、电视、电脑、洗床单被罩，只要你能想到，无论什么都行。脑海中要牢牢记住两件事：你之所以给孩子提供这些福利，一方面是因为你有这个能力，另一方面是因为你愿意去做；还有，这是你的家。只需要告诉孩子一次：他们的顶撞行为正在耗尽你的精力与耐心。孩子可能会开口说，"在我看来，这是你个人的问题，"或是其他类似的粗鲁无理的话语，在他们开口之前，你就要抢占先机，告诉他们，你不会再耗费自己的时间精力去做他们希望的事情了——比如帮他从乐器维修店取回他的萨克斯风，或是请他的新女友一起晚餐。

实施解决方案。不要去帮他们取萨克斯风。别告诉他去通知新女友晚餐邀请已经取消。如果需要的话，赶快列个清单，整理出其他那些你本打算为他做的事情或是给他的东西，这样一来，你可选的解决方案也就会更加丰富。

从斗争中抽身出来。别去理会他们的抗议之词，说什么在你的生活中，最值得花费时间精力的就是自己的子女，无论孩子作何表现，都不要去理会。对于这个年龄段的青少年来说，最好的解决方法就是，家长只关心谈论自己的生活，而不去在意他们的顶撞之词。让孩子们了解你所做的事情以及你所享受的快乐之源。面对即将长大成人的孩子，一定要把这种你所青睐的沟通模式坚持下去。

无论面对男孩还是女孩，你都应采取同样的应对方式。顶嘴就是顶嘴，无关性别或其他。

第五章
记录手册

如果你专门准备一个记录的本子，那么你其实会完成一本专属于你自己关于应对孩子顶嘴问题的记录册。只要愿意，那么你自己实施四步法则的经历将全部有迹可循，你会重温自己在事件发生时对于四步法则效力的切身感受，审视自己曾经采取的那些或奏效或失败的应对方法，回顾孩子曾经表现出来的顶撞类型以及你当时寻求的解决方法来源——你想求助的人是谁，你能读的书又有哪些。

当然，不做手册记录，你也可以实施这些应对顶嘴的解决方法，不过，如果有手册的配合，你的应对将会更具有持续性，对于局面的掌控也将更有自信。

不过，在继续研读此章内容之前，我们要先大大地提个醒：**这本记录册仅用于记录孩子的顶嘴问题！绝不要在上面记录下自己关于孩子其他行为的感受或处理方式**。诸如孩子对宠物忽视不管，兄弟姐妹间大打出手，或是墙上乱写乱画，哪怕这些行为是与他们的顶嘴现象有所关联，也不要在本子上进行记录。

原因为何？原因在于，顶嘴现象的减少，往往也伴随着其他不良行为的减少。同时，彻彻底底地对付某一类型的行为问题，远远好于多管齐下，但却缺乏力度、深度。

记录册怎么用

随便找一本有空白页的册子就可以，不过记得要选那种用完了还可以再补充纸张的活页本子。

给自己设定一个固定时间，到时候就在本子上记录——如果你是个夜猫子的话，可以选在晚上孩子们都上床睡觉的时间；要是你觉得自己在早上思路更清晰的话，那么就可以选在清晨孩子们起床之前或者是他们离家去学校之后。

你也可以按照某种特别的规律进行记录，比如根据情况的进展程度来记录，也可以在自己想到任何解决方法时把它们写在本子上，或是当你找到可以寻求帮助的对象时，也将他们记录在册。不过，一定要保证你的日常记录册在时间上连贯。

每一个有所突破的时间节点，都要记录下来。一旦养成了这个习惯，你就会在未来回顾自己一整天或是整个礼拜的记录时，体会到它的价值。你可能会想，"那时候我的感觉真有那么糟糕吗？"谢天谢地，现在一切真是好多了！不过，如果没有把以前这些节点记录下来的话，你就没法知道"那时候"究竟是何时。

开始动笔记录

针对孩子顶嘴，你所做出的各种回应，都要一一记录，尤其要包含以下这些要素：

1. 简要描述一下顶嘴过程中**发生了什么**，你的感觉如何，以及原因何在。
2. 列出你对孩子顶嘴所采取的各项**应对措施**，包括你的语气语调。
3. 对于你的措施，孩子必然有所反应，你是怎样从中**抽身**出来的？描述一下。
4. 描述一下**你从这种冲突局面中抽身出来之后发生的情形**，以及你的应对措施。
5. 对整个事件过程进行**评估**，包括你可能采取的其他的应对方式。

下面这个例子可以解释我们上面所介绍的内容：

1. **发生了什么**。放学接到儿子之后，我问他在学校这一天过得如何。恰奇用满是讽刺挖苦的语气答道："你老是问这个。你烦不烦啊？妈妈。"我感到很受伤，心情瞬间低落，因为我特别希望我们能够有愉快的对话。

2. **应对措施**。我告诉恰奇，他这么说让我很伤心也很疲惫，所以我打算省下自己的时间精力，接下来不会开车送他去乐队排练了。我用的是一种实事求是的陈述语气，平静地说出这一切。

3. **从中抽身**。恰奇用不敢相信的眼神看着我，而我则拧开收音机，轻轻地跟着哼唱起来，完全不去理会他的惊愕表情。

4. **抽身之后发生的情形**。恰奇用很温和的语气跟我说，他当晚必须得去参加乐队排练，因为他得为自己的独唱节目做好准备。而我跟他说，或许他可以第二天到学校去排练。

5. **评估**。尽管恰奇的语气礼貌又温和，但对于他企图让我改变主意的做法，我视若无睹。这法子真的有用！我并没有回过头再去验证自己的决定正确与否，或是揪着这个问题再去扯皮，我的做法行之有效！

下面是另外一个例子：

识别出顶撞行为：下班刚一回到家，凯利就告诉我家里没有减肥药了，而且她非得要知道，为什么她专门提醒了我，我却不记得去买回来。她连珠炮似地说个不停，一个劲儿地问我，没有减肥药包，她的节食大计要怎么才能进行下去。说这一大串话的时候，她的语气刻薄至极，白眼翻个不停，不断耸肩膀。从头到尾她都在顶撞我。她这种刻薄无理的态度让我感到很生气。

解决方法：我决定了，晚饭后不会带她去商场里跟她的朋友安妮碰头。我对她说，"凯利，你这么说话，对我毫不尊重。别人不尊重我的话，我就会感觉自己的精力消耗殆尽。现在你搞得我精疲力竭，我没法按计划开车送你去商场了。我很累。"

抽身而出：凯利一通尖叫，而我则充耳不闻。她简直是尖叫到失控。我告诉她，如果她还这样喊个不停的话，我就打算起身离开，到天井里去摆弄花花草草。她不再大喊大叫，但整顿饭过程中都耷拉着个脸，满眼的阴沉。对此，我选择了视若无睹。

抽身而出之后发生的状况：凯利吃了一丁点儿东西，洗了碗，完成了自己的家务活，然后就回自己的房间，开始写作业。接下来，她又过来问我是否能改变主意，开车送她去商场。我跟她说，主意已定，不会改变。然后我就从她身边走开去看电视了。凯利没有再跟我说什么，而是打电话给安妮，告诉她自己没法去商场跟她碰头了。

效果评估：一切都进展得顺理成章。下班之后回到家中的我，本已精疲力竭，根本就不愿意去对付因为孩子的无理言语而导致的恶劣心情。我选择了正确的解决方向，从而轻轻松松地从与凯利的矛盾局面中抽身而出。我希望自己的所作所为并不会留给凯利跟我周旋的余地：要么不再大喊大叫，要么把我撵出去。在她刚开始大喊大叫的时候，我就应该立马转身离开。以后我再也不会用"如果，要是"这样的字眼了。

给各种应对方法列个清单

在记录册中另外开辟一个部分，一旦你想到了某种解决方向，就把它们一一记录下来，这样当你需要用到它们的时候，就可以随时取用。平时你也可以随身带着个小本子，记下各种关于解决方向的想法和点子。然后在每天固定做记录的时段，把这些点子转录到你的记录册上。

记住，最好的解决方向是：你在为解决孩子顶嘴问题的过程中所采取的方法能够有助于你节省时间、精力与金钱。

提醒一下，不要担心你所选择的解决方法会剥夺某些你认为孩子成长所必需的活动的权利。这些活动其实是家长给予孩子的额外优待，而并非家长亏欠孩子的权利或义务。

问题的关键在于，恰奇知道，不光他自己想去参加乐队排练，你也同样想让他去参加这项活动。因此，他觉得他就算毫无尊重可言地顶撞你，也不会妨碍他赶去参加乐队活动。

这样的假设对你和恰奇都无益处。他需要懂得的是，要想参与于他自己有益的活动，他就必须在面对你的时候行为举止得体有礼，态度有足够的尊重。在你确定问题的解决方向时，一定要采用不负责提供交通方式、不开车送孩子去参加乐队排练这样的方法，其他任何可能耗费你时间、金钱的事情，也都不为他们去做。涉及的范围也可以是诸如啦啦队、芭蕾课、体育比赛以及所有其他可能占用你大量时间及精力的课余活动。

这些课外活动有益身心健康，其中乐趣多多，可以很好地丰富业余生活，但一定要把它们视为是孩子获得的额外优待。否则的话，在未来孩子尚未长大离开你的日子里，你就会被牢牢地拴在这些活动上面，不得脱身。更糟糕的是，要是哪天你不满足他们的要求的话，他们还有可能以放弃参与这些活动的做法来对你施加威胁。

关于解决方法的选取，需要记住的关键之处在于，你所选定的解决方法，一定要与孩子的顶撞行为存在着合理的关联。如果说，孩子的顶嘴消耗掉了你过多的资源——你的时间、精力、金钱——那么你就剩不下什么时间、精力或资源去帮孩子实现他喜欢和想要做的事情。你所选择的解决方法应该是顺理成章发生的事情——而不是你去以牙还牙，针对孩子发起报复。

另外，一定要记得，一旦选定合理的解决方法，就应立即采取行动，而且要速战速决，耗时要短。做出当晚不送恰奇去参加乐队排练的决定就是一种合理的解决方法，因为恰奇对你出言顶撞来着。不过，要说一整个礼拜都不送他去乐队排练，那就算不上是合理，而是一种武断专制的做法。为什么是一个礼拜不送他？为什么不说一个月不送呢？他需要知道自己是不是今天犯了顶嘴的错误，而相应的解决方法也应该限定在今天这个范围之内。要是他明天还继续顶嘴的话，那要说的就是明天的处理方法了，那是另外一码事，以此类推。我们不要让当天出现的问题牵连到其他日子，这样一来，你就能够表现出你对孩子心怀信任，相信或许明天情况将会有所改观。

你心里一定很忐忑，想问的是，如果是那些筹划已久，真的很重要的活动呢？比如乐队要参加音乐会，或者是空手道争霸赛？其实，活动越是重要，你所选定解决方法也就会愈加奏效。

可是，如果说恰奇要在音乐会上表演独奏，而顶嘴导致他缺席音乐会从而让乐队的整个低音部都受到影响，这种情况又该怎么办呢？我们可以换种方式来看待这个问题。顶撞你是恰奇他自己决定的，所以要想出法子搞定乐队低音部问题的那个人应该是恰奇，而不是你。作为家长，你所肩负对于子女的教育培养职责，比乐队更为重要。如果恰奇生病的话，他也会缺席音乐会的。

但是，如果情况是这样的——你正准备带恰奇去参加乐队的音乐会演出，一家人打扮得衣冠楚楚等着跟你一同前往，还差10分钟就要出门了，恰奇开始跟你顶嘴，那么你又应该怎样做呢？在这种情况下，对付恰奇的解决方法应该是，让他和某位家人留在家里，而你带上其他亲朋好友外出好好吃上一大顿。要是没人能留下来陪恰奇的话，那就你自己留下（家长的职责往往也就意味着做出牺牲），让其他家人外出吃喝放松一番。我们建议，你最好能够有些靠谱的保姆备选，哪怕是时间很紧的临时通知，他们也能赶过来帮你照看孩子。

可能有人会说，恰奇的顶撞行为应该归咎于你的失职，你太极端了，或是说你有点情绪过激，搞得一家人好好的心情全被破坏了，对于这样的说法，别去理会。尽早从跟恰奇的这场斗争中抽身出来，免得一会儿又被弄得改变了主意。

你可以对孩子说，"恰奇，你这么说话，我是绝对不能接受的。我已经没精神头跟你折腾了。所以，我不打算送你去音乐会了。今天你就在家待着吧。"而对其他家人，你可以说，"因为恰奇刚才跟我顶嘴，他今天去不了音乐会了。他会跟哈珀太太留在家里。哈珀太太就住在街对面，5分钟就赶过来。"这里要牢记的一点在于，这种做法，你只能实施一次。这个错误，恰奇不会再犯，因为他会从中明白，你会说到做到，而且你会一直坚持到底，不改主意。

还有就是，千万不要忘记：一旦宣布了你所选定的解决方法，绝不能改变主意，不管孩子的嘴变得多甜，跟你多腻乎，都绝不能为之动摇！

当你进入到四步法则的最后环节，开始对你所选定的解决方法实施情况进行评估的时候，一定要坚决彻底，不存犹疑。如果选择的解决方法并不合理或是不够迅速有效，一定要明示出来。

如何收集人脉资源

无论是在操场上碰面，还是在家长会上聚首，只要碰到那些对你的孩子顶嘴解决方案给予支持的人，你就应该把他们的名字和联系电话写在你的记录册当中，此外，对于那些对你的方案计划给予支持的团体，你也应该把它们的名字记录下来。第十三章当中我们会列出一部分书单，当你读到其中的某些图书时，可以创建一份带注释的、对你有所帮助的参考书目清单，尤其要把其中相关内容的页码记下来。

关于行动手册，最后说几句

之所以称这个本子为行动手册，原因在于，它需要作为家长的你在记录的基础之上，更有所行动。要想解决孩子的顶嘴问题，全盘计划都需要你做出行动，这里的行动在于家长要针对孩子的举止，在自己的行为上做出改变。改变几乎总是需要行动的配合，因为改变不会发生在一夕之间，也并不容易实现。

正如我们早前所说过的，在第一时间做出反应，迅速找对解决方向，实施行动，这一点是全部工作当中最困难的部分。但是，如果你对自己抱有信心，那么你就能够做到，最终为你和孩子双方都带来有益的回报。

而你所敬重的那些人，比如老师、亲人以及成年友人，如果他们认为你在应对孩子顶嘴问题方面采取了错误的做法，那么你又该如何做呢？记住，一定要坚定你的立场——再接着往下看吧！

第六章
如何应对不同的教育理念？

很多成年人都认为，可以接受孩子顶嘴。他们认为顶嘴是正常现象，甚至颇有益处。面对这些人，你需要坚定自己的立场，不动摇。有些人，比如精神病医生和心理医生，接受他们的服务需要付费。同时你也可以寻找一些新的渠道，寻找一些在关于孩子顶嘴问题方面与你思路相通，意见融合的人或团体。还有其他一些人，比如孩子的老师以及你的前夫（前妻），他们则属于你可以长期沟通交流的合作对象。在这一章内容里，你将了解到，在面对与你持相左意见的成年人时，应该如何巧妙应对，同时又不让他们的言语干扰到你，以至于让你对孩子顶嘴问题的解决原则发生改变。

心理专家

最近，有位年轻的母亲给电台热线节目中的心理专家打电话，据她介绍，自己面临的问题是10岁的儿子"嘴欠"。

其他人对你的方法有不同意见时,面对这些人,你需要坚定自己的立场,不动摇。

"什么？嘴欠？"心理专家问道。显然，她以前从未听到过这样的情形。

"对，嘴欠，"这位母亲强调，"他这孩子总是，哎，随便多嘴，特别招人烦。"

"举个例子我们来听听看。"心理专家立即给出了反应。

"嗯，就好比说，上个周末，家里所有的亲戚都在我们家呢，结果这孩子说我笨得要死。"

"他为什么会这么说呢？"

"我让他做点事情，结果这小子当着所有人的面对我说我笨得要死。跟着他又转过身去，跟大家伙说我笨得一塌糊涂。他每回都这样。我实在是烦透他这样了。"

这个被母亲描述为"嘴欠"的孩子，其实是在顶嘴，而且他的行为招致了妈妈的反感。对心理专家来说，这是一个绝好的机会，可以就孩子顶嘴问题进行一番讲解。

不过，专家并没有当时就侃侃而谈，她转为询问这位母亲，究竟她做了什么，让儿子会说她笨得要死。"为什么他会说你笨呢？"专家问道。"我是说，你做了哪些事情，会让人认为是愚蠢的呢？我们聊聊这块儿吧。说你笨，这样的印象从何而来呢？"

这位母亲说她自己也不明白，她觉得自己并不笨，儿子这么说纯粹是因为"嘴欠"。

"嗯,好,稍等一下,"专家说到,"我们来谈一谈你身上那些在儿子看来属于愚蠢的行为吧。没准儿,你也许会考虑对这些行为做出改变呢。"

关于这样的回应,其实存在着两个问题。

首先,这位心理专家所关注的,并非是孩子的沟通方式,而是把重点放在了孩子沟通的具体内容之上。她抓住并且试图想要去分析的,只是每一天里孩子对妈妈"出口成脏"随意辱骂的众多无理行为之一。孩子每天无数次顶嘴,要想揪住每一点进行这种分析的话,那你就算一刻不停地说,也是永远都分析不完的,因为孩子随时有可能变换新花样,改用别的方式来顶撞自己的母亲。

其次,这位专家其实是在暗示,母亲的行为或多或少在某种程度上造成了儿子的认知,觉得她就是蠢笨,或许这位母亲应该对她自己的行为做出改变。

这样处理问题的态度无法教会孩子如何用尊重的态度对待他人。只可能教会孩子,他身边的所有人都应该关注自己的言行举止。而事件当中的这位母亲可能会开始忧虑自己再"犯傻"。

但是,这位专家对孩子顶嘴问题所持的态度,其实对解决问题并无作用,因为她的做法只是愈加地不愿意承认孩子顶嘴问题的存在,更不用说承认这其实是一种对他人缺乏尊重的行为。

也有一些育儿书认为，孩子顶嘴其实是一种自我表现形式，在我们的文化环境当中非常常见。这类书籍的作者都认为，这类自我表现行为是某种潜藏的心理问题的症状，应该由专业的心理卫生专家对他们进行诊断，并加以治疗。

下面这个历史案例将向我们显示，孩子们学东西超级快，马上就能利用治疗作为借口，继续粗鲁无理的顶撞行为。

案例7

在纽约，初入出版行业的珍晚上把孩子交给托管中心照顾。最开始几次入住托儿所的时候，她的一对7岁双胞胎儿子表现还不错，还跟看护人说，想要让妈妈回来照顾他们。可是，有天晚上，他们突然像连珠炮一样，对珍恶言相向，骂个不停，这显然是对家长的无理顶撞。珍告诉儿子自己不会容忍他们这样的行为，男孩们的回答却是："治疗师说，让大人了解他们的真实感受是件好事。""但绝不应该是对我这样说话。"珍指着自己说道。这样的回应引发的则是孩子们失控一般的尖叫，最后一直喊叫到他们筋疲力尽，不想再喊时，才倒在床上，进入梦乡。

那一周晚些时候，托管中心的主管给珍打电话，说

> 孩子们的心理医生告诉看护人，珍的所作所为让他们在这对孩子身上的治疗效果倒退了整整一年，应该禁止珍跟孩子们再做接触。

这一事件给我们做了警示，令我们得以了解，职业的育儿专家可能会鼓励家长采取理想化的做法：纵容、宠溺孩子而不加约束。

无论是怎样的治疗方法，都需要提倡尊重他人，并且设定相应的指导方针，帮助家长培养孩子在言行举止之间传递对他人的尊重。

作为家长，自身的职责在于设定界限，给出框架，并且教会孩子以积极正面的方式融入整个环境。孩子们需要懂得的行为边界之一就是：顶撞他人是不可接受的行为。

如果你把孩子带到某个专门咨询机构，那么先要问问自己下面这些问题：

- 这家机构是否允许你来定义出自己孩子的顶撞行为？还是说要由专业治疗师来帮你进行明确？
- 如果你说自己不喜欢孩子跟自己说话的方式，治疗师是否能够对你的感受进行验证？还是说他们会试图让你因为自己不喜欢孩子的行为举止而产生负罪感？
- 你是否能够自行施展治疗师给你出具的建议呢？还

是说你希望治疗师能够登门去你家进行全日制的指导呢？
- 治疗师对你的孩子是否心怀尊重、态度坚定而又和蔼可亲呢？

以上这些问题的答案能够帮助你认清楚，这家机构的治疗师是否理解你希望家庭中不再有顶撞问题出现的需求，并能够真正给你提供支持。如果治疗师对你的立场并不抱支持的态度，那么你可能会想要换别家机构进行咨询。你所需要的咨询机构，认可的应该是家人之间互相尊重，而不是仅仅以某一人为核心，忽略其他人的感受。

老师以及学校里的其他人

有很多非常优秀的老师，他们自身的观念都对顶撞行为持否定态度，并且提倡学生们在言行中体现出对他人的尊重。学生们只要一走进教室，他们就知道自己应该如何说话，如何表现。这很有意思，他们会希望按照老师所青睐的方式来跟别人打交道，因为他们想留给老师良好的印象。

不过，也有其他的一些老师对这样的关于顶撞问题的策略并不支持。这种老师往往可以分为以下几大类。

好哥们儿型。这种老师似乎很喜欢看学生顶嘴。他们往往把顶嘴看成一种乐子（但其实顶撞的言语往往是尖刻伤人的），认为这是勇敢的行为，而且是一种对于所学内容提出质疑的健康的表达方式。

厌恶型。这类老师不喜欢学生身上出现顶撞行为，通常他们会采取视而不见的做法，或者是避免让有顶撞行为的学生出现在自己的班级里。

放纵型。这种老师会对顶嘴的学生采取迎合的态度（而付出的往往是牺牲其他学生权益的代价），无论他们是否喜欢这样的学生，他们都会因为自己把顶嘴当作一种再正常不过的行为而淡然处之，同时还感到沾沾自喜，无比自豪。

困兽型。在面对学生的顶撞之时，这类老师往往会采取较为鲁钝的应对态度，他们惧怕顶嘴学生，于是任由他们在班级里作威作福。这些学生会变着花样的折腾人，取笑老师的授课内容，情况严重的时候，还会对老师爆发出非常恶毒无理的辱骂言语。在这种老师的课堂上，最舒服的情形就是顶撞的学生缺课不在。不过，每学年到了中期的时候，其他学生也都对那些问题学生的顶撞见怪不怪了，所以，即使那些爱搞事的核心成员不在，其他学生还是能够闹腾起来，掌控局面。

以上这四种应对方式都能够帮助老师应对一时的学生顶嘴问题。公平点说，除此之外，老师们确实也是无可奈何，无计可施了。如果采用更具效果的应对措施的话，那就可能招致家长投诉（没错，要是孩子说在学校里老师跟自己说话时态度严厉，那么不管出于什么原因，总会有很多家长来投诉闹事），严重的话，甚至可能被告上法庭，因此丢掉工作。不过，以上列出的各种老师的应对方式，都向学生们传递了两条重要信息：首先，顶撞行为可能会让自己赢得额外的关注，甚至是钦佩崇拜；其次，他们的这种行为不会招致任何后果。

也有这样一些老师，他们认为学生之所以会顶撞师长，其实传递的一个信号是，他们在家庭中缺乏关爱，处于被忽略的位置。里克医生3岁的儿子在学校里四处惹事，表现得好斗又爱欺负人。老师说，作为家长，里克医生应该采取些行动来帮助自己的孩子，比如说花更多有质量的时间在孩子身上，鼓励孩子表达自己的感受，而且跟孩子说话的时候千万不要提高嗓门。然而老师们并不知道的是，里克医生几乎已经把自己所有的时间和精力都花在了儿子身上。她一天24小时都待在家里陪着儿子，带儿子去上各种各样的课程及提高班，而且让儿子尽情表达自己感受的做法已经让她饱受挫折，灰心不已。

不过，造成老师们对学生的顶撞行为持宽容态度，其实还有另外一种原因：那就是学校里所开展的进步运动。并不是说进步运动支持校园内不尊重他人的举动，而是有些进步运动的追随者误读了其宗旨，认为学校必须要给予孩子们足够的自由，让他们可以自由表达自己的所感所想。20世纪20年代，各所学校开始运用这种在以往的训导模式及权力结构下显得另类的教育模式。其中有几种观点尤为明显：例如，进步教育法就允许孩子们只有在自己想学某些内容的时候才开展学习，而且很少要求他们去学其他东西。这种教育理念提倡的是，孩子们表达的每一句话、做出的每一点滴，哪怕是那些制造混乱的、破坏性的举动或是错误，老师都应给予表扬赞赏。比如说，每当孩子尝试着拼出某个字眼的时候，无论究竟拼出的内容正确与否，老师都应报以热烈的掌声，以示对其"创造性发挥"的赞许。

如今，大多数老师所接受的理念都是：如果作为教师的他们足够优秀，那么，在这种自由度、宽容度都很高的条件下，孩子们将会乐于投入学科知识的学习，表现出配合的态度。如果老师做不到让孩子们投入学习并予以配合，那么老师有两个选择：要么自责一番——而且从校长到孩子家长，其他所有人都会撺掇你自责的，要么老师想法子给孩子出具一份正式的诊断证书，证明孩子存在着学习障碍或是心理问题。

如果你家孩子的老师容许她的班级里存在顶撞现象，那么你可以让老师了解一下你在家是怎么对付孩子顶嘴的。你也可以告诉自己的孩子，老师在课堂上怎么做，你管不了，但是你希望他们无论在家还是学校都能表现出良好的行为举止,而且要说明,在家里,不尊重他人的行为是要受到惩罚的。

亲戚

如果一家人几代同堂,彼此有着共同的育儿理念与标准,那就再好不过了。无论是去姨妈家串门,还是去找表兄弟玩耍,又或是上门去看望祖父,你的孩子在各处都是颇受欢迎的小家伙,因为他们懂得在不同的环境场合中怎样才是得体的表现。

不过,有些亲戚在你的孩子看来是嘻嘻哈哈的好玩伴,但于你来说却是非常头疼的麻烦制造专家。

育儿专家型。这类亲戚往往会大言不惭地自夸,自己闭着眼睛都有本事把别人家的孩子带好。如果你有任何与他们不同的理念,立刻就会遭到他们泼来的满盆冷水,一锤子把你直接否定。

宠溺男孩型。这种亲戚认为,家里的宝贝男孩那绝对是万千宠爱在一身,无论他们做了什么,家长,尤其是母亲,都绝不能抑制、打压。

接下来的这个历史案例描述的就是一个宠溺孙子的祖母家的故事。

案例 8

吉娜和罗布的妈妈在两个孩子的成长过程中给予他们的是截然不同的待遇。"作为女孩,我总是得压抑自己的不满情绪,为别人做出奉献,"吉娜如是说,"可要是罗布稍微有点什么不满情绪,大家就会如临大敌,拼命去安抚、讨好。"她还补充道:"罗布比我小3岁,在我整个成长岁月当中,我耳朵里听到妈妈对我所说的话永远都是:'吉娜,别再哭哭咧咧的了。你把所有事情都搞砸了,每个人都被你弄得不开心。'而当罗布哭的时候,妈妈就会说,'哎呀,谁惹我的小萝卜不开心了呀。我得去看看到底怎么回事呀。'"母亲的语气传递的信息就是:这件事多多少少是因为吉娜犯的错而导致的,现在弄到罗布不开心了。

吉娜自己的第一个孩子是个儿子。"他从很小就开始显露出欺凌别人的迹象,还特别爱顶嘴。我妈说,这孩子完美无缺,我应该像她对罗布那样来对待自己的儿子。"可很快,吉娜的丈夫就让她意识到,如果她按照母亲说的那样去做的话,她的儿子也会变成又一个小罗布。而彼时已经长大成人罗布,四处惹是生非,没有一份工作能做得下来。

吉娜认可丈夫的观点,对自己母亲给出的育儿建议完全不去理会。她教育儿子,对待他人要秉持尊重礼貌

> 的态度。现在，吉娜的儿子已经成家，还有了一个小女儿。"你猜怎么着？"吉娜说，"我儿子和儿媳第一次抱着小宝宝去看望我父母时，我妈突然就闹脾气，因为她觉得这小宝宝太闹了，烦人得受不了。可这小宝宝才只有 3 周大啊！"

这个案例表明，亲戚们给出建议，无论出发动机是多么的好心，在你的孩子身上，效果可能完全相反。就吉娜目前的情形来看，她的信条就是，男孩应该被捧在手心，绝不能让他们受罪，他们说什么做什么都行，绝不会受到惩罚。可女孩呢，养大她们就是为了伺候别人的，她们要是把大家伺候得不够好，就应该心生愧疚，抬不起头。

不过，说句公道话，我们也必须指出，就男孩女孩偏心哪边这一问题，有些亲戚则是完全颠倒过来的情形，他们对女孩宠溺过头，而对男孩关爱匮乏。

跟婆婆打交道。在某些亲家眼中，你的孩子实际上也是他们的孩子，因为孩子身上也具备他们家人的某些特质。而你的职责：孩子小时候，你是育婴保姆；大些之后，则变身为家庭女教师。如此一来，像你这样被雇佣来工作的人，也就压根没有权利去评判孩子的所谓顶撞行为，更不要说插手去管理了。自己 4 岁的女儿尖叫着大发脾气，而凯伦的婆婆却对她说，"她没哭喊发泄够的时候，千万千万别去拦着她。她只不过是在表达自己的个性，只不过这份个性不太随你，更像我。所以我更了解她真正的需要是什么！"

溺爱孩子的祖辈。每周观看网络电视时间最长（大约 40 小时）的人群，主要以年龄在 55 岁及以上的男性及女性为主。在第十章当中我们将会了解到，在网络电视的情景喜剧当中，总是会出现各种各样爱顶嘴的孩子角色。我曾询问过一位 63 岁的女性，为什么她一周里会认认真真地看上 14 部情景喜剧，她笑眯眯地回答我说，"在这些片子里，每家人看上去都很面善，小孩子可爱死了，感觉就跟我自己的孙子外孙似的。"

幼年时期的你，或许也曾经受到过大人教导：不允许顶嘴。现在，你的父母已经都当上了爷爷奶奶，在他们眼中，自己的孙辈堪称完美，就算孙子们出言顶撞，他们也把这看作是活泼直率、生气勃勃、惹人喜爱的表现——只要不是直接顶撞他们就行。这也就意味着，你的孩子会认为，只要有爷爷奶奶外公外婆在旁边撑腰保护，那么他们就算跟自己的父母顶嘴，也能够侥幸逃脱，不会受到惩罚的。

威尔玛是一位 26 岁的年轻母亲，每当她把自己两岁半的儿子杰瑞放到娘家待上一下午的时间，她都会发现这样的问题：当她去接儿子的时候，儿子会对她高声喊叫:"走开!",而且直呼其名。而当威尔玛告诉杰瑞不能这么说话的时候,威尔玛的妈妈就会过来安抚:"好啦,其实小杰瑞也没说错啥呀。他就是困了,闹觉呢!"或者是其他各式各样的理由,比如,还没吃午饭,或是等着吃下午的点心,又或是惦记着跑去公园玩儿,而现在要回家了,他有点不开心罢了。在自己家里,杰瑞从不会管妈妈叫"臭大粪",因为他知道这样做的后果很严重。但在外公外婆家,他好像就可以无法无天,做什么事情都畅行无阻。

这种情况下的威尔玛应该立刻开始实施四步法则,一刻都不能耽误。她应该不顾父母的介入,直接告诉杰瑞,他这种顶嘴的行为是不可接受的。因为这个原因,她得立刻带他回家,就算她原本计划带他多待一会儿,然后出去逛逛的。这下一来,回家路上,有什么好玩儿的东西,她也不能停下来了。如果她能坚持这样的做法,那么很快,外公外婆就能够帮着她一起强化在家里不许顶嘴的规矩,因为他们看到,自己的女儿在这个问题上的态度是很严肃的,而且他们也不想因此而损失自己跟小外孙杰瑞团聚的时间。

在推行你的预防顶嘴计划的过程中,下面这两种方法可以帮助你对付那些横加干预的家人亲戚:

1. 告诉你的孩子什么是对什么是错。每个亲戚都有他们自己的想法,但是只有你的规矩,对他最为重要。
2. 把你自己家里的规矩和别的亲戚家的规矩分隔开来,不要混为一谈。吉娜和她丈夫发现,要想把自己的孩子培养成为独立的大人,这一点尤为重要。

朋友

有些朋友可能会对你关于孩子顶嘴的观点持反对意见,那些发自内心地和你唱反调的朋友,要么是他们家的孩子从来没顶过嘴,要么就是他家的孩子从始至终就没有停止过顶嘴。有些朋友,或许就像我们将会在下一个案例里介绍的翠西亚那样,自己本身并没有小孩,但育儿知识一大箩筐,在她们看来,顶嘴就是孩子的一种顺嘴而出的表达,不管他们说了什么,家长都应该宽容原谅,不予计较。

案例9

哈娜有一对6岁的双胞胎女儿,在对付女儿顶嘴方面,她是四步法则的施行者。在以前,哈娜家里总是顶嘴声不断,大人小孩轮流发脾气,而现在,一家人和睦相处,其乐融融。对于家庭中的新气氛,哈娜的丈夫雅克感到很开心。现在,双胞胎女儿不再像过去那样对什么都不满足，在学校表现优异，音乐课上也有很不错的成绩。

翠西亚是哈娜的大学同学，来到哈娜家做客。专业学习幼儿早教的翠西亚正在休假，平时她在一所大学的教学部门任职，尚未结婚，也没有小孩。哈娜觉得，看到自己家的双胞胎闺女给教育得这么好，翠西亚肯定会为自己感到开心的。

翠西亚到来的第一天，几乎是陪着双胞胎小姑娘从早玩儿到晚，开心到一刻也不得闲。她跟哈娜说，"我感觉自己就像个六岁的疯孩儿似的！"不过，到了第二天，这对双胞胎小姑娘开始跟大人顶嘴。哈娜让她们去帮着铺桌子的时候，一个女儿说道："你别想让我去干这事儿。"而另一个女儿也跟着插话："也别打我的主意哦！"一切简直就像过去的日子，两个小家伙对妈妈有一句顶一句。不过现在，哈娜对付起这种局面可是毫不含糊，一丝犹豫都没有。她迅速就找准了自己的解决方法："不许这么跟我说话，"她语气平静地说，"因为顶嘴，现在不许你们俩跟我们一起吃饭，也不能跟我们一起去逛欢乐城。哈珀太太会过来照看你们俩。"

"哈娜，"翠西亚一边喊着，一边把双胞胎小姑娘搂在自己怀里，"你听我说！她俩没说错什么呀！"不过，哈娜心中自有主意，她知道，绝不能让自己白费心思，功亏一篑，日子重又回到过去吵吵闹闹的状况。她把女儿带回房间，然后回到厨房，开始准备晚饭。对于一脸惊愕、明显带着指责表情的翠西亚，她并未理会。"现在的我，就是这么对付孩子顶嘴的。"她用平静的语气对翠西亚说道。

翠西亚一副被吓住了的样子。"我的天呐，哈娜！"她惊呼道，"你可千万别变成那种独断专横的家长啊！她们不过还是小孩儿呀，跟你耍耍嘴皮子罢了！"

哈娜实在是被激怒了。四步法则已经给她的生活带来了实实在在的巨大变化。其中有一条概念，她希望自己的这位好朋友能够明白，不过，她决定不要让自己显出一副咄咄逼人为自己辩护的样子。"翠西亚，我明白你的感受从何而来，不过，在我们家里，就是用这法子来处理孩子顶嘴问题的。"说这些话时候的哈娜，语气坚定。说完，她就拨通了哈珀太太的电话。

在接下来的日子里，有好几次，翠西亚努力想要改变哈娜的想法，扭转她在实施四步法则应对孩子顶嘴这件事上的态度。而哈娜的双胞胎女儿知道了这位新朋友翠西亚总是会站在她们这边，帮她们说话，于是，很多以前的顶嘴恶习重新冒了出来。不过，在实施四步法则的道路上，哈娜可是一丁点儿都没有动摇。假期结束的翠西亚最后离开时，对于哈娜来说，真是彻底松了一口气。她已经明白，在孩子管教的问题上，也许朋友是出于好意，但家长采取怎样的方法，是绝不能让朋友横加干预的。

翠西亚离开一个月之后，哈娜的坚持不懈也终于迎来了回报。她收到了一封来自翠西亚的邮件，从邮件中她得知，翠西亚又去另外一个朋友家住了两个礼拜，而在那里，3个小孩子闹翻了天。"粗鲁无理到难以想象""整个家里完全失控""因为想要跟3位小朋友打成一片，那家的家长哗啦一下子把3个孩子全丢给了我，整整3天的时间啊，他们两口子倒是出去享受二人世界过周末了！简直是难以想象！真像一场噩梦啊！我简直讨厌死那几个孩子了，一个个伶牙俐齿，满嘴跑火车！无论孩子还是家长，他们对我毫无尊重可言。相比之下，我在你们家做客那段时间简直好像在天堂一样。而我还那么跟你过不去，真是对不起啊！"

正如哈娜的案例向我们所展示的那样，如果有朋友不赞同你所采用教育方法，不用跟他们争论。尽量不要耗费你的精力去试图说服他们，你的孩子，你有权管理。你可以杜绝这样的干扰，或者说跟他们只能是单独见面，而不要让他们接触到你的孩子。

如果说你已经打定主意，确定了要用怎样的方式来管教自己顶嘴的孩子，同时又有朋友在旁的话，你应该预先告诉朋友，接下来你会怎么做，以及这样做的原因何在。一定要让朋友知道，哪怕接下来你采取的方法可能会暂时打断你们的对话——比如你可能会对孩子的抗议置之不理，直接把他们带回自己房间，这也并不表示你的朋友就得离开。很快，你们就可以重新开始说说笑笑，继续聊天了。

有些自己本身有孩子的朋友可能会觉得你太过执拗、较劲，算不上是个称职的家长，对他们，你只需要记住，你不是跟他们一起过日子，你的孩子也不用他们来带，他们也不会对你孩子的成长担什么责任。一定要抑制住自己的冲动，不要让"你就等着瞧吧，没准哪天你们家的小宝贝也会这么跟你顶嘴呢，保准让你大吃一惊！"这样的话从自己嘴里冒出来。如果自己在施行管教孩子顶嘴问题的道路上，走得还不够扎实的话，你可能需要远离那些总爱评判他人做法的朋友。无论在什么情况下，都不要让他们插手干预你在自己家里使用的沟通模式。

前妻/前夫

关于如何对付孩子的顶嘴问题，你随时都可以跟自己的前妻/前夫交流意见。你以前的伴侣，可能会愿意跟你配合，也许对方提倡宽松教育的方式，或者是个力求完美的严苛家长。无论哪种情况，你都需要跟自己的孩子说清楚，他们可以学着去适应两套不同的规矩——一套是你的，一套是你前妻／前夫的。

记得要跟你的前妻／前夫说明白，为了做一个称职的单身家长，你需要尽量把孩子顶嘴的现象排除在自己的生活之外。孩子那些耗费你心神的破坏行为、不尊重他人的举动，以及其他种种不妥的表现，你根本没有时间去应对。你的前妻／前夫可能用不着在她／他自己家里实施你的那套法则，但他们很有可能会教育孩子，让他们跟你待在一起的时候要守规矩，做个懂事的孩子。

孩子的看护人

要是帮你带孩子的人对你不许孩子顶嘴的方式颇有微词，你应该去搞清楚其中的原因：为什么他们会持反对意见。很可能是，这位看护者很喜欢你的孩子，见不得任何人管束孩子做这做那。也有可能是，这位看护者同时也在照看别人家的孩子，无暇为你家的孩子多操一份心。

对于这种问题，最好的解决方法就是重新找一个看护人。如果条件不允许的话，你可以把四步法则讲给帮你带孩子的看护人，让他们也能了解，尽量让他们能够跟你联手合作。告诉他，要是她能够尽可能全心全意地帮你推行这套四步法则的话，你的孩子会被调教得更出色，她也会更开心的。

尽量隔个两三天就跟帮你带孩子的看护人聊一下，你可以跟她介绍自己在家推行四步法则的情况，同时问问她是否觉得你的孩子身上有所变化，顶嘴的问题是否有所减轻。你们之间的对话，或许就像下面这样：

你：玛丽，我想问问，今天吉米有没有跟你顶嘴？

玛丽：顶了几句，当时另外几个小鬼头跟我这捣乱来着。他也想跟他们一块儿折腾。

你：那你怎么做的？

玛丽：别的小孩我就没搭理他们。吉米呢，我马上就把他带到了休息室。

你：他在那儿待了多久？

玛丽：半个小时。

你：出来时候他怎么样了？

玛丽：好多啦。我觉得我应该对付所有孩子都用这个法子，不过他们闹得太厉害了，管不过来了。

你：太好了！你这招可真棒！现在再解决这些问题，可轻松多了。

当然，你们之间的交流也有可能像下面这样：

你：吉米跟你顶嘴的时候，你怎么对付的？

玛丽：我实在是无计可施啊。他就跟个小疯狗似的，跟其他孩子闹成一团。

你：下回再这样，也许你可以试着专门用个法子来解决吉米的问题。你把他带去休息室就好了。

玛丽：他肯定会跟我说，其他小孩儿比他闹得凶多了。

你：那你可以告诉他，你知道要是他妈妈在场的话会怎么做，所以你也照着妈妈的法子来。这样他就明白了。

玛丽：我试试看吧。

你：我知道这么做不容易。不过，你会看到，这法子确实管用。

玛丽：我尽量记下来，照着去做。

你：好的，试试看。就算不管用，你也会觉得这法子很有意思呢。

与此同时，也别忘了继续寻找那些愿意尊重你的意愿并且在带孩子的时候实施你的解决方法的保姆。

到了这个阶段，或许你已经意识到，跟这些与你持相左意见的人打交道时，你需要自信满满，坚定不移。你要对自己怀有信心，坚持自己的判断，最终一定会实现你的目标的。对于你自己家里的状况，其他人并不了解。只有你才是置身其中的当事人，才会花费足够的时间和精力，使状况从本质上改变。孩子用什么态度跟你说话，你才有最真实的切身体验。

第七章
单亲家长

　　与常规家庭共同面对问题的情况相比,单亲家长在面临孩子顶嘴的现象时,往往会遭遇更多的问题。
　　下面说说其中的原因所在:

1. 在单亲家庭中长大的孩子,跟家长的关系往往更像朋友,彼此之间的关系让他们可以平等、直接地对话交流。而这种超出常规的特权,有时候孩子是无法应付得住的。他们会努力让自己表现得很成熟,跟家长可以称兄道弟,不过,他们那种像大人一样的机智诙谐,其实就是顶嘴的一种形式。
2. 在单亲家庭中成长的孩子,往往会对很多事物或现象心存抱怨,比如说:

- 无法同时享受父母双方的关爱
- 无法如愿以偿地经常见到另一方家长
- 有时候其实很想偷懒,但却不得不在家庭中承担起

父亲或母亲的职责
- 零用钱不够
- 永远无法得到足够的关注

这里我们并不是想说所有这些问题都与父母有关（这些家庭中长大的孩子往往会被培养出很出色的责任感），但这些心理或物质上的不满足会让孩子暗生抵触，而这种不满的情绪就可能通过顶撞家长的方式表达出来。

3. 另外，单亲家庭孩子所结交的朋友，大多也都是成长在单亲家庭当中。相同的环境与经历会让他们彼此很有认同感，甚至还会互相鼓励跟家长顶嘴。

4. 单亲家庭的小孩使用顶嘴这招对付家长，效果显著。单亲家长平时就已经疲倦不堪了，生活上又孤单寂寞，情绪焦虑，一旦遭遇孩子顶嘴，心中就会负罪感横生，觉得孩子顶嘴，错误全在自己，所以往往不管孩子究竟所求为何，自己就直接"缴械投降"了。

5. 单亲家长孤身一人，孩子的行为举止出现什么问题，家里没什么人可以商量。因此，单亲家长甚至经常都意识不到，孩子顶嘴其实是超出正常沟通范围的反常行为，因为家里根本没有亲近的人告诉他们这些。

6. 单亲家长把自己的全部心思都放在了孩子身上，毫无保留。因此有些想法几乎脱离现实，她们甚至会觉得，孩子说什么都是对的，顶嘴也是对的。由于对孩子的爱太过深厚，对于被顶撞而带来的伤痛，她们几乎体察不到。

不过，说一千道一万，甭管什么原因，顶嘴都是不能接受的行为。

实际上，单亲家庭的孩子尤其需要明白，顶嘴是不允许发生的。比起其他常规家庭的孩子，他们在生活中所能得到的帮助要少一些，所以更需要清楚地认识到，顶嘴对他们获得更多的快乐与满足毫无帮助，反而会成为他们实现美好、成功人生路上的绊脚石。

单亲家长与四步法则

抛开其他个人问题不谈，至少单就某一方面来说，单亲家长要比夫妻双方一起带孩子的常规家庭幸运些，那就是——在家里实施自己的管教计划，不会有人跳出来横加阻拦。

首先，单亲家长必须要想明白并确认，孩子顶嘴，你拿什么法子来解决。不许他看电视？周末不带他去吃汉堡？礼拜五晚上不带他去电影院看最新大片？不

单亲家长由于对孩子的爱太过深厚，对被顶撞而带来的伤痛，他们几乎体察不到。

让他带朋友来家里留宿？如果孩子顶嘴的内容跟这些事情有关联，那么你确实可以用这些法子来对付他，但一定要用平静的语气跟他交流，而不要气呼呼的。比如说，作为母亲，你可以这么跟孩子说，"你这种语气还有说话的方式，在我们家可是不允许的。你这么跟我说话，浪费我的时间和精力，让我烦透了，所以我不打算带你去吃汉堡了，我没时间再跟你这么耗着了。"

其次，单亲家长务必要心里有数，孩子就是孩子，并不是自己的朋友。他们是需要家长关心教育的孩子。

另外，单亲家长一定要想出法子，弄清楚自己怎样做才能够更好地改善自己跟孩子在一起的生活状态。自己是不是要牺牲一些跟朋友的聚会时间，更多地陪陪孩子呢？还是说，自己应该把陪孩子的时间抽一些出来，多一点自己的生活空间？单亲妈妈安妮有一对双胞胎女儿，她恨不得把全部心思都放在培养女儿参加少年合唱团的活动当中，完全没有属于自己的个人生活。她所有的快乐都来自于女儿，看着她们穿着自己亲手制作的演出服，在音乐会上表演独唱或二重唱，这一切让她感到心满意足。可孩子们顶嘴的问题日益严重，每次她想对她们进行管教，制止她们顶嘴的时候，双胞胎女儿就会拿退出合唱团这件事儿来要挟安妮，而这样的结果，安妮实在是想也不敢想。后来到了高中的时候，一对女儿还是放弃了合唱团，转而参与到其他活动当中，安妮有好几个月都深陷在痛苦的情绪中无法自拔，不得不接受专业治疗平复心情，重新回到自己的生活正轨之上。要是当初孩子尚在年幼阶段时安妮就能够坚持采用自己的方法来管教孩子的顶嘴问题，或许一切问题早已经迎刃而解，没有这些问题的困扰，安妮也能拥有属于自己的生活。

对于单亲家长来说，还有些问题需要提起注意：自己是不是经常把孩子留给亲戚或保姆照看呢？另外，对于那些经常疲惫不堪、心情焦虑且缺乏成年人生活乐趣的单亲家长来说，应该仔细考虑一下，童年时期的自己，是否得到了来自家长的足够关爱与尊重呢？这一点尤为重要。

无论你所拥有的时间多少、财力如何，这些方面的所有问题，都是可以得到改善的。同时，你还可以在自己家中构建起防止顶嘴问题的规章制度。下面这个历史案例向我们展示的就是单亲家长需要设定的基础原则，由此，便可以顺利实施我们的四步法则。

案例10

山姆是一位40岁的单身父亲，每天晚上下班之后带孩子外出时，3个儿子总是你一句我一句没完没了地顶嘴，而且情况愈演愈烈。而每个周末，他把孩子们留给母亲照看，自己去滑雪、潜水的时候，却能感受到无比的轻松与开心。他开始思忖，怎样才能找个合适的法子来解决这一问题，可他所能想到的解决方法，估计没有一个能对孩子们起作用的。他从来没带孩子们去过哪儿，所以也谈不上取消什么特殊待遇作为惩罚。他寻思着，自己或许可以拒绝给他们买他们想要的东西，比如运动装备之类的，可同时他又在用买东西这种补偿方式来减轻自己对孩子缺乏陪伴而产生的愧疚心理。最终，山姆明白了，自己的生活与孩子们的生活几乎不存在什么交叉，因此，所谓的四步法则，在他这里基本上就成了空谈。

　　山姆舍不得放弃自己的周末出游，于是他打算以后都带上3个儿子一起出游。最开始的时候，为此花费的精力与支出还是很让人崩溃的，不过，孩子们很快就变成了出行小能手，他们可以互相配合，帮着爸爸一起安排出行活动。他们还习惯了从家带饭，共用租来的滑雪板、呼吸管之类的专业装备。同时，他们也学会了不再顶嘴，因为现在有那么丰富的活动等着他们去体验，他们不想错过每一分每一秒的快乐——上山滑雪，下水浮潜，而且在出行的旅途当中，他们还能够结交到很多新的小朋友。

山姆重又扛起了自己作为家长的职责，他变得不像以前那么自私，对于他人抱有更多的尊重。他所持有的这种心态，再加上他带领孩子们体验到的这么多的乐趣，使得解决顶嘴问题的这套方法在他家里实现了最佳效果。

单亲家长的看护问题

很多保姆在面对单亲家长时，在心态上都有所不同。他们认为，比起单亲家庭环境来说，日间的看护孩子服务能够给孩子提供更好的成长环境。对于这种态度，孩子和母亲或许颇为受用，而且会在潜意识里认为孩子在家里不会有什么出格的举动，但又觉得孩子顶嘴是理所应当，随时会出现的。

等等，就此打住！你是孩子的家长。无论你所能够给予的条件如何，你才是孩子最需要的那个人。孩子顶嘴了，只有你才能够应付得了。保姆能把孩子哄得开开心心的，你也感到很舒心，但你不用因为两相比较而产生紧张不安的感觉。

不过，也有些保姆认为，单亲家长都是那种情绪极端的人，根本无法取代自己的地位和作用。其实，他们给你孩子的，无非就是很少的照料，除此之外，也就没什么了。所以作为家长的你，可能会觉得自己的孩子缺少关爱，心情低落，认为他们有权利在回到家之后出言顶撞你,以此作为发泄?

错,孩子没有权利跟你顶嘴,哪怕他们心情不佳,这么做也是不能接受的。纵容孩子顶嘴就等于告诉他们,生活中遇到困境时,可以用顶嘴来作为解决问题的方式。

这种情况下,你就要开始物色一个更好的保姆了。

第八章
职场父母

我们且不说那种衣食无忧、生活富足的情况，现实中，大多数家庭的父母双方还是都得外出工作赚钱养家。很多在职场打拼的家长都时时感到筋疲力尽，全部心思都放在如何做好工作保住饭碗之上。因此，对职场父母来说——无论是常规家庭还是单亲家庭——愤怒的情绪总是不时会冒出来，不由自己控制。

我们这里说的不是家长对孩子发脾气，而是对工作、对老板、对同事，以及对跟不上自己步调、让自己急怒的另一半发脾气。如果这种怒气一直得不到释放或排解，如果工作状况始终不尽如人意，那么家长可能每天晚上回家的时候都带着满腔的怒火，而孩子是会注意到家长这种愤怒的情绪的。他们会在学校里把自己心里的怒气发泄在朋友身上，回到家，哪怕是在跟身心俱疲的家长相处的仅仅几个小时时间里，也会把怒气倾泻一空。在这种发泄怒气的行为中，其中一部分其实就是通过顶嘴表现出来的。

如此一来，情况就进入了恶性循环。在有些家庭里，家长可能会对孩子大呼小叫，而孩子会顶撞家长，跟着家长就会冒出更粗鲁严厉的语言，整个家里充斥着刺耳难听的对骂声。在另外一些家庭中，孩子先顶嘴，然后家长就一言不发，不作任何回应，全家气氛有如陷入冰窖，彼此当对方完全透明，不再有任何沟通。哪怕一家人坐在一起吃饭，也是彼此互不理睬，全程无交流。一吃完饭，各回各屋，谁也不理谁。

好不容易到了周末，情况似乎应该有所好转。一晚好梦之后，每个人都感觉精力恢复了不少，不过，一旦有人开始挑事儿——有时候都不需要有人起头，完全毫无理由的——孩子就开始顶嘴，情况会马上急转直下，家里气氛瞬间扭转。这种顶嘴行为会严重破坏家里的和睦气氛。一家人会彼此虎视眈眈，敌意浓浓。

对于在职场拼搏的家长来说，哪怕他们怀着多么美好的愿望，这种糟糕的情境也很容易就会演变成家中常态。不过，事情也会有转机。使用四步法则，职场父母可以消减家中顶嘴现象的产生，让家人共处时光的气氛得到改善，生活质量有所提高。

首先，家长必须要做出决定，想好自己家庭生活所需要的气氛是怎样的，以及自己希望在家中所采用的沟通方式。其次，职场父母还要想好，在他们有时间和精力处理孩子顶嘴的问题之时，他们希望朝着哪个方向来解决问题。下面介绍的是一种很简单的情境，可以以此作为参考。这里的女儿我们姑且称她为茜茜，年龄大约13岁。

母亲（刚刚下班回到家中，满身疲惫）：茜茜，今晚该你煮饭了。谢天谢地！（然后一下子瘫坐在自己最喜欢的椅子上）。我今天简直快崩溃了。

茜茜（穿着啦啦队队服，把自己的啦啦球丢在一边）：啊？今晚上该我做饭吗？我不知道啊。

母亲（伤心和愤怒，自己如此疲惫，女儿却毫不心疼，她想要开口反驳女儿，但还是忍住了，开始琢磨解决顶嘴的方法应该如何实施）：茜茜，你这么说话让人挺不能接受的，也很不尊重人。所以，我不打算再浪费自己仅剩的一丁点儿时间和精力了。我不会带你去比赛现场了。

茜茜：可我要参加啦啦队演出呀！

母亲：我现在要上楼去泡个澡。今天晚饭我会自己搞定的（然后就离开了房间）。

如果茜茜为自己不妥的语气表示道歉，并且用准备晚餐来作为补救，母亲的情绪会有所缓和么？不会的，母亲应该避免和茜茜再做任何进一步的讨论。这样的做法在于表明态度，而并非单纯说教，让茜茜明白，她的顶撞行为已经造成了实实在在的后果，而且没有讨价还价的回旋余地。

由于工作造成的身体疲惫以及情绪低落，在职场上打拼的家长往往需要更强的意志力来实施我们的四步法则。考虑到大多数上班族家长已经由于超负荷的工作而身心俱疲，要想践行四步法则，他们的决心应该从何而来呢？下面这个历史案例中的母亲或许能够给我们提供一个可借鉴的思路。

案例 11

身为上班族的米拉有 3 个分别是 8 岁、14 岁和 17 岁的孩子。平日里，米拉是在政府部门工作的全职秘书。在过去的 6 年时间里，她还一直在参加 3 门大学课程的学习，每年都要上一个学期的课。我们在为这本书采访她的时候，她马上就要拿到商业管理专业的学士学位了。米拉的丈夫是一份本地报纸的编辑，同时也负责整个报社的运营管理。每个礼拜他都至少工作 60 个小时，否则饭碗不保。

可是，据一位跟他们认识多年的老邻居讲，这家人可以算得上是她所能想得出来的最幸福的一家人了。这对父母究竟是怎么做到的呢？"我知道可能听上去挺简单的，但我们确实是太忙了，忙得没有时间去烦恼些什么，"米拉给出的答案，"在我们家里，没时间去操心那些有的没的闹心的事儿。"

孩子们总是忙忙碌碌的，派给他们的家务活着实不少，还有其他各种功课、活动等着他们。比如说，17岁的儿子就得负责帮助八岁的弟弟做指导，提高他的语文阅读水平。14岁的女儿得负责全家人的洗衣工作——这活计可实在是挺艰巨的，而且永无止境。妈妈平时得开车送女儿去参加足球队的训练和比赛——这差事也并不轻松，女儿所在的球队在过去5年里都打入了争夺冠军的季后赛，各种活动多得不得了。另外还得送大儿子去参加他的学术十项全能课外班，也很耗时耗力。而爸爸负责的是送小儿子去参加足球队训练，同时自己也身兼球队教练之职。每个家庭成员都有自己专门负责的一摊工作，就算是在全家人开着车开始心心念念盼了很久的露营活动过程中，每个人也要完成分派给自己的工作。

不过，米拉也承认，一家人总能保持开开心心的状态，忙到没时间去生气烦恼只是其中一方面的原因。"一天的事情忙完之后，我们总是希望能够看到自己的家人，"米拉说到，"无论这一天状态如何，我都希望看到他们，而这种情绪也许会传染给其他人。"当被问道，内容排得满满当当的生活是否会让她感到特别疲倦，她说，"有时候，我在学校的功课进展不顺，我就特别希望自己能有个更好的老师或是更棒的工作。那时的我，非常疲惫，心情也不好。不过，在这种情况下，我会提醒自己：想一想自己对全家人的爱有多深厚。我离不开他们，我希望总有他们陪伴身旁。我愿意给他们做饭，而且一直坚持，除非极少数的特殊情况，否则我们一家人都要尽量在一起吃晚饭。有些人不喜欢跟家人聚在一起，但我并不这样。"

要是孩子跟大人争论个不休，或是别别扭扭很不好相处的话，应该怎么办呢？被问到这个问题的时候，米拉说，"要是孩子找别扭的话，我们就不会送他们去他们想去的地方，比如他们可能想去朋友家串门，或是去商场里跟朋友碰头。放在我们家大儿子身上，我们的做法就不是不允许他开车出门。"

这个案例向我们展示的是在实施四步法则过程中的某些基本原则。其中一条原则就是，在家里，顶嘴不是随随便便可以接受的行为。还有一条就是，家长为孩子做出了很大的付出——他们给予孩子这么多的关爱与照料，每次都送他们出门去这去那，还对他们参加的各项活动都提供无比的支持，对于家长的这些付出，孩子们也应给出相应的回报。

这个案例还说明了自我约束的必要性。不管自己在回家时候实际心情如何，家长都必须要在家人面前表现出开心的样子。很多专家都坚持认为，表现出开心的样子会让你很快就真的感觉开心起来。

这里再重申一下——要想顺利实施法则的第二、三、四步，营造并保持快乐的家庭生活必不可少。没有快乐的家庭生活，无论你的行动有多么迅速，你采取什么解决方法，都不会产生什么效果。

对于职场打拼的父母来说，除了因为工作原因而缺乏足够的时间、精力去关心家庭，还有一个潜在的原因会造成家里出现孩子顶嘴的局面，那就是让孩子放学后单独留在学校里。我们通常管这种孩子称为"脖子上挂钥匙"的小孩，要是你没法亲自过来接他的话，你也应该打个电话跟他说一声。

鲍勃是广告公司的客户主任，太太是医药销售代表，两口子大部分时间都忙着各地出差奔忙，而他们12岁的儿子西恩就面临着经常无人照管的问题。西恩跟爸爸提过几次，放学后交给保姆带的是那些不怎么样的小孩，他想自己待着。每天下午，工作当中的鲍勃打电话过来问问西恩的情况时，父子俩的交流往往就是下面这个套路：

鲍勃：嗨，儿子，你好呀！

西恩：爸爸，拜托！你犯得着每天打个电话过来吗？

鲍勃：我就是打过来问问情况，小子。知道你这边一切正常，我心里也踏实点儿……

西恩：哎哟，你省省吧！

鲍勃：我说，我是关心你呀！

西恩：好吧，现在你放心了！我得挂了。莫儿在这儿呢，我们正看MTV音乐台节目。

鲍勃：MTV音乐台？我记得我跟你说过……/

西恩：挂了啊，老爹（挂断的声音）。

鲍勃（满脸羞怯，周围的同事每天下午都会听到他来上这么一出）：现在的小孩子啊！你们说该拿他们怎么呢？

其实，父子间的对话，应该像下面这样：

鲍勃：嗨，儿子，今天在学校怎么样啊？

西恩：还好，不过我数学考砸了，成绩只有C-。

鲍勃：数学就是挺难的。回头我们找个老师给辅导一下。

西恩：我才不想找家教呢。家教老师管着，我就跟个小屁孩儿似的。

鲍勃：我明白你的感受，不过，如果有人给你辅导一下的话，我担保你在数学课上会学得更轻松！你看这样如何？我们先找个老师，而你呢，就算给老师一个机会，我们先试她一个月。

西恩：我觉得这样也行，算是公平。那我们上哪儿找家教去呀？

鲍勃：你的数学老师可能认识一个水平不错的高中生。我们先问问他。要是不合适的话，我就打电话给大学的数学系去问问。

西恩：好吧。你今天过得怎么样？

鲍勃：还行，我们又签了个新客户。哟，我得挂电话了。足球训练课上好好踢呀！

西恩：那晚上回家见。拜拜。

如果说上面这段对话里的西恩听起来太过善解人意，以至于感觉不太真实，其实我们大可不必紧张，现实情况中，西恩也并非想象中那么完美。因为他知道顶嘴是不能容忍的行为，所以他采用的是上面这种循序渐进的试探性对话方式，以此来获取信息，寻求支撑，解决问题，同时也用到了其他一些积极的手法来让自己和父亲双方都感觉更舒服一些，哪怕传递的信息并没有预期中的那么让人满意——比如说上面提到的数学考试成绩，但策略用对了，呈现出来的效果也就不会太差。

对于鲍勃和其他忙于工作的上班族家长来说，在面对平日里工作时间无人照管的孩子时，家长必须要做到足够的掌控。可以找一个保姆或是安排专人同时看护几个孩子，也可以安排一些有成人监护的课后活动，无论孩子对此态度如何，都务必要做到，这一点十分重要。还有就是，无论是在家里还是在通电话的过程中，家长都应该贯彻使用我们的四步法则，这一点同样具有关键意义。上班时的家长没法用什么语言来对孩子做出要挟或是当场采取行动解决问题，不过，这些手段回到家中总是可以进行的。"你在电话里跟我说话的方式是不能接受的，"一回到家里，家长可以马上跟孩子表明态度，"以后我不许你放学后跟别人结伴回家一起玩儿了，因为我不想让别人听到你说话是这么个语气。我会安排保姆过来。"或者你可以做得更彻底，"我打算以后牺牲掉我每天的午饭时间提早回来，等你从学校回到家，我就开车把你送到青年会去。"你也可以安排网球俱乐部或是其他什么地方，这些地方会有大人专门来专门照看这些放学之后的小孩。要是孩子提出抗议的话，你可以置之不理，从这种局面中抽身而出，去忙活自己必须得去做的事情——埋头工作。

上班族家长必须坚守两条规则：第一条是：无论家长有多累，心情有多么糟糕，都应该努力在家中营造出良好的情绪氛围；第二条是：上班族家长跟孩子待在一起的时间其实并不多，这有限的几个小时，其实正是施展防止顶嘴计划的大好时机，运用得法的话，问题得以解决，家里每个人都会感觉无比开心的。

上班族家长跟孩子待在一起的时间其实并不多,在这有限的几个小时,其实正是施展防止顶嘴计划的大好时机。

第九章
如何对付孩子那些爱顶嘴的小伙伴

无论在什么样的社会经济条件下,在孩子们之间,顶嘴都是一种具有传染性的问题,孩子的很多朋友即使是在你们家里,也会有顶撞大人的举动——每个小朋友都会,而你的孩子最好的朋友,往往是顶嘴顶得最厉害的那个。孩子们似乎对自己那些独断专横的小朋友尤其崇拜,而这类孩子往往是顶嘴问题最严重的人群。当然,孩子们崇拜这样的朋友,原因在于这类孩子天不怕地不怕,无论家长还是别人,谁都拿他们无可奈何。

有些家长会在偶然间发现,自己的孩子在别人家里跟大人顶嘴顶得不亦乐乎,这时候,家长往往大惊失色。不过,也有一些家长不愿意因为孩子的这些问题而烦忧。为什么呢?其中最主要的原因就是,就算当时别人家的大人会因为孩子顶嘴而不悦,但事情过去之后,其实对自己家的孩子毫无影响,不会留下任何污名。除非说那些被顶撞的大人具备相当的社会地位或财大气粗,能够对顶嘴孩子的家长造成实实在在的影响，否则，实在没什么理由非得去关心别人心里怎么想。第二个原因在于，如下面这个案例所显示的那样，有些家长对于自己孩子的任意妄为，其实一点都不担心，反而相当的引以为豪。

案例 12

内奥米出生于一个热心的传教士家庭，而她丈夫罗伊的父母则都是严格的加尔文教徒。结婚后不久，他们离开了父母家，决定搬到更加自由开放的文化环境中去生活。他们允许自己的女儿玛琳按照自己的意愿成长，而绝不用跟任何人或任何机构妥协。女儿的脾气并不好，时常大吵大闹，在邻里的小孩子之间，她也总是欺压别人的那个大姐头。对此，罗伊和内奥米一直都是用特别宽和放任的态度来对待。

有邻居来跟内奥米告状，说玛琳把他家的女儿从沙盒里撑了出去，还不许人家回来接着玩儿，内奥米很轻松地耸耸肩，用一种得意语气说到："哦，你们可别跟玛琳过意不去哦。"后来，告状的家长由一个变成了 4 个。而每当玛琳惹怒了老师或是别人的家长——频率已经达到了每周若干次，内奥米和罗伊两口子都始终坚持这样的态度。

玛琳长到 27 岁的时候，内奥米和罗伊终于还是不得不对女儿开口说了"不":"不行,你现在工作也没有,文凭也没有,还带着个孩子,整天在这无所事事,这绝对不行!"在一顿暴怒发作,把家里摔了个天翻地覆之后,玛琳搬了出去。父母很少得到她的消息,内奥米还继续在经济上给没有收入的玛琳接济了几年,后来也断了粮饷,最终听说她把孩子送了出去,给别人收养。还有一次,玛琳打电话过来,说自己正在服用抗抑郁药物,想让老妈过来一下。但这次,父母仍旧拒绝了她。"我们已经习惯了没有她在的平静生活,不想再回到过去那种乱哄哄的生活了。"内奥米如是说。

在面对玛琳的问题时,内奥米很冷静。"我其实一直都很担心她,"她说到,"她爱欺负人,还特别霸道,而我的态度太软弱了,已经无路可回了。"玛琳的强势个性并没有让自己变得富足或是扬名立万,对于这一点,内奥米失望之极。"我其实特别希望她现在能在公司当上头儿,或者是已经走上从政的道路,"内奥米满心渴望地说到,"当官发财所需要的所有条件她都具备,我真是不知道她的问题出在哪儿了。"

在这个案例里,核心的关键之处在于,如果罗伊和内奥米当初能够把玛琳小伙伴家长的话放在心上,细加思量,那么他们或许早就能够意识到,在孩子的培养道路上，他们有问题需要纠正。或许，他们不会姑息玛琳的随意顶撞行为。而玛琳可能也已经学会如何梳理自己争强好胜的个性，使之能够为自己带来正面的促进。但是，在问题出现而其他家长已经纷纷发送信号、提请注意的时候，玛琳的家长选择了忽视不理的做法，让女儿的整个童年都在欠缺正确指导的路上越走越偏。

"我只是跟他们说，'你别跟我们家玛琳过不去啊，'"内奥米不断重复着这句话。"每隔几天，就有别的家长打电话过来，每次人家都邀请她去家里玩儿。有那么一阵子，邀请她去做客的人特别多，因为她超级受欢迎。"当然，后来就没人再来邀请了——小伙伴们的家长最终选择了拒绝玛琳，对她关上了自家大门。在内奥米和罗伊所坚信的那套自由放养的育儿理念当中，他们觉得，玛琳跟别人家长顶嘴的问题与她难以适应正常的成年人生活这两件事之间，是不存在什么关联的。

家长们之所以不在乎自己的孩子跟别的家长顶嘴，第三个原因其实很简单，那就是他们干脆不愿意去解决孩子顶撞他人的这个问题。解决孩子顶嘴问题这件事儿，压根就没有安排在家长们的日程表里面，也绝非他们所关心的大事件。下面的第 13 号案例就很生动地向我们描述了这种现象。

案例 13

迪尔德丽和西德尼选择了和平分手，终止了二人的婚姻关系。他们两人精力充沛，都是西南部大城市的商界风云人物，乐于玩儿命工作，享受生活，常常独自或是呼朋唤友前往阿斯彭、阿尔卑斯山以及加勒比海之类的旅游胜地度假。10岁的女儿莉莉和8岁的儿子拉里由他们两人共同监护抚养，而迪尔德丽用一种很平静的语气说这两个孩子实在是他们生活中的累赘。"我们根本就不应该要孩子的。"现在的她，如此说道。

关于孩子身上的问题，迪尔德丽的态度很现实。"他们都是伶牙俐齿的小鬼头，结果学校容不下他们，朋友家里也不欢迎他们。不过西德尼和我已经决定了，现在不去理会他们的这些问题。一年里头有8个月的时间，孩子们是在私立学校里度过的，其余时间，我们会把他们送去参加夏令营活动。"每当假期里孩子们回到家中时，会有保姆照看他们，通常都是从早到晚，身边不离人。"坦白说，我们更想把自己的全部精神头都放在工作上，因为目前正是我们的事业黄金期。"迪尔德丽解释到。"有一次，我们带孩子坐游艇去阿拉斯加玩，结果这两个小坏蛋太讨厌了，烦得我们只好把他们交给船上的服务员照管，一路都不想搭理他们。"她还补充道，"这俩小鬼头还特别有主意，想让哪个朋友来的时候，他们就会想出法子让自己的想法得以实现。"

对于西德尼和迪尔德丽来说，这样的育儿策略或许能够满足他们的要求。但是却把孩子顶嘴的问题甩给了其他大人来面对。这样是不是不太公平呢？当然不公平！但是这种现象确实随处可见。

不过，如果家长们能够意识到，自己对孩子的顶嘴问题采取了纵容的态度，那么，问题其实是能够解决的。下面这个案例将会教给我们如何解决这种问题。

案例14

电视台制片人艾米给自己9岁的女儿贾丝廷安排了一场通宵派对。派对上选出的幸运嘉宾是贾丝廷的一位小伙伴——凯莉。凯莉刚刚在一部电视情景喜剧当中拿下了一个大角色。艾米两口子跟凯莉的父母已经相识多年，并且知道，一旦凯莉开始在她的节目中工作，那么她跟老朋友们在一起的时间就会变得荡然无存。

从凯莉一到派对现场，她就表现出一种别样的、很烦人的态度。她对其他客人和贾丝廷都无比的粗鲁。最后，当艾米跟在场的小姑娘们说不要再把剃须膏对着别人的时候，凯莉直接就顶了艾米一句。"你别想管着我，艾米！"这还是她头一回直呼艾米的名字，"你又不是我妈妈。"

"是啊，妈妈，"贾丝廷努力想让自己的声音听起来勇敢一些。不过，对着凯莉的时候，她又在自己的声音里多添了几份警告的意思，"凯莉，你不应该这么说。我跟你说过了！"对于接下来会发生什么，贾丝廷其实心里一清二楚。

艾米其实可以选择很多不同的方式来跟凯莉交流，比如跟她说，"可这里是我家，"或"但是你妈妈可不想让你有这样的表现哦，"又或是"这我不管，你必须得注意你跟我说话的态度。"不过，她选择了一种最为合理有效的解决方法。

"凯莉，"艾米说到，"你现在必须得离开我们家。在我们家是不许这么说话的。现在马上把你的衣服穿好。"四周的宾客里有不少人开始大声抗议，但艾米毫不理会，直接给凯莉的妈妈拨通了电话，然后站在一旁，眼睁睁看着凯莉穿好衣服，准备离开，然后等到凯莉的妈妈赶到，目送她们出门。"我很希望请凯莉再来我们家做客，"艾米带着自信的笑容对凯莉的妈妈说到，"不过，要是她再这么不尊重我，我还是得像今天一样请她离开。"

如果你想知道其他宾客对此场景会做出怎样的反应，那么你需要对步骤四有更透彻的理解，也就是如何从争斗中抽身而出。实际上，艾米心里有数，宾客们作何反应无关紧要。"他们怎么想有啥要紧的？"艾米说到，"我告诉他们，当天晚上不许再有剃须膏出现。客人们脸上那种暴怒和震惊的表情，我根本看都不看，直接告诉他们，我希望他们接下来能继续玩儿得愉快，接着我就回卧室看书去了。"后来，贾丝廷告诉艾米，派对进行得很顺利，不过凯莉半途离开确实让客人们很扫兴。"我一点都不吃惊，"艾米回答道，"凯莉那么做，真挺遗憾的，"在派对上，艾米没有道歉，也没强调什么，更没有用任何其他方式来讨论她所采用的解决方法，而是直接开始进入另一个全新的话题。家里来了顶嘴的客人这件事儿就算彻底完结。

对付那些粗鲁无礼、出言顶撞的客人，最合理、恰当的最佳解决方法应该是：用冷静的态度立刻将他们逐出你家。如果他们的家长正远在万里之外的旅途当中，一时半会儿找不到人，那么你可以采用对付你自己家孩子顶嘴问题的同样方法来收拾他们。

而且，一定要记住——当场立刻把顶嘴的小孩驱逐出去，这种做法不但能够遏制住顶嘴的小孩，同样也能够对你自己的孩子起到足够的震慑作用，显示出你坚定的决心和态度。你所传递出的信息显示出,对于家里每个人在沟通交流时所采用的语气态度,你给予了相当的重视,一旦发现不妥,就会立即采取行动。

第十章
如何应对电视节目及其他媒体中的顶嘴

　　研究表明，主流媒体会对孩子们的行为举止产生直接影响。大多数研究显示，孩子们通常都想要去模仿那些媒体中所传递的、对他们情绪产生刺激的行为，而不管实际上给他们的情绪带来的影响究竟是欢快还是痛苦。这种刺激发生在不知不觉间，但却直抵神经内部。

　　一项研究显示，观看电视上的空手道搏斗场面会让孩子产生在操场上踹踢其他孩子的冲动。另一项研究则显示，孩子们在观看完包含任何暴力情景的电影之后，身上的攻击性行为都会显著增多。因此也就更坚定了我们所认定的理由，即：如果孩子们在自己最喜欢的电影和电视节目当中看到顶嘴的场景，那么他就会强烈爆发出顶撞他人的冲动。

　　无论是在大银幕，还是电视屏幕上，孩子们总能看到各式各样的顶撞他人的场面。电视节目和电影所塑造的孩童角色身上，几乎总会出现顶嘴的情形。某一晚的收视调查显示，所有的晚间黄金档节目里，其儿童角色在每一集里都至少会出现两次顶撞他人的情形,而且通常比这还要更频繁。

在诸如电影和电视之类主流媒体中所体现出来的顶嘴现象——在这里我们指的是角色间在正常对话过程中所出现的顶撞——通常都是以一些打趣的小俏皮话来贬损对方的形式出现,以此来博得观众的笑声。顶嘴的角色越是年幼,故事情节也就越吸引人。这些一张嘴就把人顶个跟头的小家伙,不光被塑造成乳臭未干、口无禁忌的小顽童,同时也会被塑造成正常家庭中那种举止良好的乖孩子,他们大多数时间里都在家长面前表现得百依百顺,但一开口却又语不惊人死不休。

主流媒体其实并没有把顶嘴表现为一种不可接受、应该予以解决的不良行为,而是将它美化成了一种取胜的策略,由此,孩子能够始终占据上风,大人被迫步步退让,甚至最后反而会对孩子的这种行为心生赞许。电视上的大部分顶嘴现象都是出现在脱口秀节目和情景喜剧当中,而电影里的大多数顶嘴现象则经常出现在那些充满流行元素的热门影片,里面满是被宠坏、变得跟混世魔王似的青少年。

在这类影片当中,顶嘴的孩子往往被美化得聪明伶俐,招人喜欢,魅力十足,还特别逗趣可爱。他们身上的那份自信,与同辈人截然不同,显得独树一帜,在顶撞自己的同龄人、老师、家长还有其他成年人的时候，总会表现出一种掌控他人的命令式态度，而且还会冒出不少娱乐节目当中传出的流行语。

至于为什么要顶撞别人，他们总能找出一万条理由，比如说，看那个道貌岸然的家伙不顺眼，或是那人是个十足的伪君子，不说几句不痛快；要么就是看别人墨守陈规、跟不上节奏，又或是觉得对方太过自以为是（这种情况下，被顶撞的角色往往是那种坚持纯朴、温和或"老派"气质的人物）。通常，同一部电影或电视节目，总会为顶嘴的角色找出许多条不同的理由。于是乎，每次看电视或是电影的时候，年轻的观影者们都会从中学到各种各样的理由，足够他们在以后的不同情境中变着花样的使用。

主流媒体之所以能够通过传播顶嘴现象而对孩子们产生极大的影响，还有以下这些原因：

1. 各个年龄段的年轻人都认为，电视上播出的任何内容（除了新闻和其他关于现实人物的节目）不光是好看而已，还应该去拼命模仿。
2. 主流的电视节目及影片当中的角色，往往被塑造成那种备受追捧的人物。他们的形象和举止成了他人争相模仿的标准。
3. 儿童观众不光想要模仿这些角色，同时还想让朋友们认定，自己就是跟这些角色一样的人物。因此，年轻的观众会希望拥有与剧中角色同样的衣衫、发型、身材。同时，他们还必须学着使用跟角色一样的身体语言以及说话方式。

4. 媒体节目中的角色总能轻轻松松地就用两句俏皮话把别人噎得说不出话来，而这也成了观众们争相模仿的时髦技能。不过在现实生活中，孩子们一旦用到这类俏皮话，往往就变味成了顶撞的语言。

媒体是无比重要的信息来源，因此，无论是教师，还是对孩子顶嘴现象进行评估的评判者，都应当针对媒体传播的信息进行适当的分析。

流行文化当中的顶嘴现象简史

在 20 世纪 60 年代之前，电视和电影主要的目标观众是成年人。节目内容必须要以取悦成人为主，而非着眼于儿童观众。因为掌握家庭财政大权的仍是大人，要买广告里宣传的哪样产品，又或是带一家人去看哪部电影，还是要由大人来决定的。在电影里很少会出现小孩子顶嘴的场景，就算有的话，大多也都是在诸如《小淘气》(*Little Rascals*)、《活宝三人组》(*Three Stooges*)之类的喜剧电影当中以"小坏蛋"的形象出现。而在电视节目当中，那些顶嘴的小孩子总是被塑造成乖小孩的冒冒失失的朋友，因为表现不佳而受到打击和排挤。像电视剧《天才小麻烦》(*Leave It to Beaver*)里的艾迪·哈斯凯尔以及《快乐时光》(*Happy Days*)里的丰斯这些角色,就是很好的范例。

20世纪60年代末和70年代初的时候,两个层面的社会发展现实导致了孩子们的地位得到提高,他们不再事事依赖大人的决定或关照,大人们不只需要从旁观察孩子,更要倾听他们的想法和意见,孩子们也不再凡事都听命于大人的指令,他们希望得到别人的迎合,而在行为举止方面,更是依着自己的心性,随意而为。

造成孩子们地位改变的第一项社会发展在于核心家庭出现了分解。由此带来了三方面的结果:

1. 孩子们变成了现代文化的解读者、传递者。
2. 各种形式的流行文化都在宣扬极度追求年轻化、永葆青春的理念。
3. 激增的离婚率让单亲家庭的孩子数量大幅增长,而单亲家长更是变成了孩子新的挚友,孩子们会通过诸如请求、乞求、撒娇、耍赖等各种手段来争取家长对自己要求的许可,得到自己想要的结果。

另外一方面,孩子社会地位的改变在于孩子经济实力的提高。突然之间,孩子们手里就拥有了属于自己的大把零花钱,有的是家长慷慨,给孩子丰厚的零用钱，也有些是孩子们自己打工赚取的收入，还有些是亲朋给的红包攒下来的积蓄，而且孩子们也可以参与决定家里的资金如何支配。现在的孩子可以要求家长给自己买东西——衣服、化妆品、美发之类的，而近些年来，还掀起了美容整形手术的风潮，这都是为了实现孩子们的愿望，把自己打扮成自己心仪的偶像那样。当然，他们所追捧的偶像，其实就是他们最喜欢的电视角色。

这两方面的社会发展所带来的结果，其实可以用一句话来概括：现在的孩子，比以前更为古灵精怪，更不用说的是，他们远比成年人更加可爱有趣，极富吸引力。或者，用个更简单的说法概括就是：突然间，年轻就成了实力的象征。

主流媒体迅速地把握住了这种社会动向，现在把孩子全都塑造成了可爱的小魔王，不管是跟谁沟通交流，掌握最终决定权的往往都是他们。

商业广告与顶嘴现象

比起其他的主流媒体传播形式，商业广告在展示孩子们所占领的强势新地位方面，效果更胜一筹。正如某位市场营销专家所说，现在设计的商业广告，目的不仅仅在于向孩子们兜售产品，更重要的是利用孩子作为营销工具，进一步吸引其他年龄段消费者的注意力。在商业广告当中，通常会把孩子们刻画成聪明伶俐的小鬼头，比他们那些老派朴素的家长机灵得多。有一条商业广告里，母亲因为工作繁忙而显得紧张又疲惫，孩子却开口就是一通顶撞，毫不客气，白眼乱翻，最后母亲给他买了广告里宣传的产品之后，才平息下来。

毋庸置疑，这样的商业广告不仅仅向观众群体中的孩子们传递了可以顶嘴的信息，而且还让他们认为，顶嘴这种行为很酷，行之有效。不过，尽管电视节目中一直在强化年轻的力量，但研究人员的报告称，青少年和儿童收看电视的时长已经出现了下滑，由20世纪80年代的每周约40小时缩短到了1995年的每周约20小时。不过，这种现象的出现，也许是由于电视游戏、电脑游戏以及互联网的兴起而造成的。2到5岁这个年龄段的儿童收看电视的时间最多——差不多达到了每周25小时。（还有些专家称，青少年观看电视时长的数据实际要比这个数字更高。

如何应对媒体传播的顶撞行为

要想避开因为媒体传播影响而滋生的顶撞行为，最佳方法就是先从跟你的孩子一起观看那些充斥着顶嘴现象的影视作品做起。作为家长，你要让孩子知道，节目中出现的那种说话的方式，在你们家不可接受。"我估计，电视里那家人那么说话看起来没什么，"你可以这样说，"不过在我们家，这样可不行。"一定要明确地跟

作为家长，你要让孩子知道，节目中出现的哪种说话的方式，在你们家是不可接受的。

孩子说清楚，节目里哪些顶撞行为是你所不喜欢的。

比如说，有一部PG级（家长指导）的儿童影片里，主角像连珠炮似的对着一名社工大吼大叫，嘴里各种不干不净，最后还对着社工说脏话，让人难堪。

"那个小男孩说话的语气、用的那些难听的词儿，还有他那种恶心人的态度，我一点都不喜欢。"你可以这样跟孩子说。

"可是，"你的孩子可能会表示抗议，"跟他说话的那个人，也不是什么好人呀，就应该骂他一顿才对。"

在对孩子做出回复的时候，你可以在回复的内容中包含上一条或几条相关信息，下面介绍的是五条建议：

1. 可以让你的孩子想几个例子，以这些范例来教会影片中的小孩如何尊重他人。如果想让大人注意自己的话，怎样做才能够达到一方面尊重他人，另一方面又打到成功引起大人注意的效果呢？你可以和孩子一起琢磨一下，找几个合适的例子。

2. "那孩子只是电影中的角色，就好像故事书里面编出来的小孩儿一样，并不是一个真实存在的孩子。"你现在承担的一项非常重要的职责就是，帮助孩子把现实生活和媒体中塑造的生活区分开来。

3. "在我们家里，是不允许恶语伤人、说那些难听的话的。任何时候都不行。这样一来，孩子就不会心存侥幸,觉得自己就算说了脏话、顶撞了别人,也有可能免于受罚的。"
4. "看了电影你或许会哈哈大笑,但是要记住,在现实生活里,绝对不许跟我或其他任何人那样说话。"你需要告诉孩子,电影里有些桥段很好笑,但是放在现实生活中可不是闹着玩儿的。
5. 看完诸如《罗斯安妮家庭生活》(*Roseanne*)之类的电视节目之后,你要对孩子说"你可绝不能像那样跟别人说话。而且,我跟你保证,无论是我自己还是你爸爸,又或者是我们家的其他大人,永远都不会像罗斯安妮对她的孩子那样说话。"这样的陈述也就是在向孩子表明,即使是大人,顶撞他人也是不能接受的行为。

跟孩子一起看电视、看电影能够让你陪孩子共处一段时间,并且跟他们展开互动——这段共处的时光以及互动体验都非常重要。这样的交流同样能够帮助孩子了解你在平时所倾向或是厌恶的沟通方式,这样,他就可以避免采用那些你所不喜欢的沟通方式,你也无须因此费心想法子教育孩子。

让媒体成为一种教导工具

1. 找出某部片子的录像带,你知道这片子里面有些关于孩子顶嘴的范例,然后跟孩子一起观看。记得把遥控器拿在手里,这样在需要的时候你就可以随时按下暂停键。
2. 跟孩子一起看一部你们从没看过的影片,遇到有顶嘴的场面就指出来,或者让你的孩子来指出片中的顶撞行为。
3. 把那些充斥着顶撞行为的电视节目都录下来,跟孩子一起观看,在需要你做出教育指导的地方暂停。
4. 电视台播放节目的时候,跟孩子一起观看。然后关上电视,讨论一下节目中出现的顶嘴事件。
5. 把那些出现小孩子顶嘴画面的商业广告片拿出来,跟你的孩子一起讨论一下。

视频游戏

有位母亲表示,因为玩视频游戏的原因,她儿子跟家长顶嘴的问题越来越严重,搞得她和丈夫不得不从外界寻求帮助。下面就是她家发生的情形:

案例 15

　　10岁的罗恩被他最喜爱的两部视频游戏影响颇深——这两部游戏都是打斗类的，里面充斥着大量血腥暴力的内容。其中他最钟爱的是角色扮演游戏，在游戏里面，他扮演的是一个机器人，胳膊、腿以及其他的身体部位都装有致命的武器，可以用来将敌方机器人置于死地。而另一部游戏则是一个比较常见的打斗游戏，里面的角色都卡通化，以游戏的操控键配合各种不同的战略攻守行动来决定胜负。

　　这两个游戏把罗恩迷得神经分分，打游戏的时候高度兴奋，但在结束机器人游戏之后的好几个小时里，他都会处在一种浑身充满戾气的状态中。另外，玩这些游戏也让他的顶嘴现象变本加厉，爸爸妈妈为此而感到十分担忧。妈妈让罗恩把游戏卡收好，招来的却是他的一嗓子"别跟我啰嗦！"对于沉迷游戏的小孩子来说，另外一种最常见的顶撞就是"我忙着呢"。"我用不着这个"则是另外一种最常听到的答话。

　　最后，父母发现，在结束游戏之后的好几个小时时间里，罗恩依旧沉溺在游戏的情境当中，以为自己是那个威力无比、震慑他人的宇宙救世主。"就连出门上学之前，他都得玩儿上一会儿游戏，"母亲说，"然后我们就得硬把他从游戏机旁边给拽起来，要不根本赶不上校车。他会不情不愿地，嘴里一直在胡言乱语地骂骂咧咧。下午放学一回到家，他就直奔游戏机开玩，不等到我们下班回到家里把他拽起来，他是万万不会放下手里的游戏的。"家里请来看孩子的保姆特别纵容罗恩打游戏，因为他打游戏时候，完全不用人在旁边照看。"其实我真想让她带罗恩做点儿别的什么活动。"罗恩的妈妈不由得叹了口气，"可他整个人都扑在游戏上了，要是保姆违背了他的意思，我担心他会搞出什么乱七八糟的花样，让保姆完全搞不定。"

直到学校老师来投诉，反映罗恩在学校的顶嘴问题已经严重到一定程度时，罗恩的父母才意识到，自己必须得正视这个问题，彻彻底底地采取行动。"老师说，要是罗恩再继续顶撞他人的话，就得把他开除出学校。这学校相当不错，我们可不想让罗恩被退学啊。"

于是，罗恩的父母开始尝试着使用我们的四步法则。如果罗恩在打完游戏之后跟大人顶嘴，那么等待着他的处理结果就是，直接剥夺权利，当天不许再碰游戏机。到了第二天，罗恩可以再试探一下，看看自己是否能够管得住自己不再顶嘴。有那么一周的时间，每天罗恩都会顶嘴，而等着他的就是直接被剥夺当天玩儿游戏的资格，这样一周下来，罗恩顶嘴的毛病算是给扳过来了。

> 此外，父母还给罗恩报名参加了一个篮球课程。"我们给他报一个课后的篮球训练营活动，还在我们家院子里安了一个篮筐。"现在，罗恩已经是一支少年联赛队伍的队员了，平常他的时间总是排得满满当当的，篮球训练很耗费体力，可他特别开心——他的球技突飞猛进，日渐精湛，都没工夫去琢磨打游戏的事情了。"现在，他觉得小屁孩儿才会去打游戏，而他已经是个成熟的小大人了。"罗恩的母亲说，"不过，如果当初我们对他打游戏的情况坐视不理的话，他现在肯定早已经沉迷得更深了。"

这个案例告诉我们，视频游戏中往往充斥着无休止的搏斗、仇恨和竞争，过于沉溺其中，可能导致孩子把顶撞也当成是另外一种进攻的武器。

脱口秀节目

就像视频游戏一样，在关于媒体传播与顶撞行为的这一章内容里，我们也会把脱口秀节目单独拿出来做一讲解。脱口秀节目经常情节夸张，充斥着无数的危机冲突，里面总会涉及一些小孩子角色。而节目中出现的小孩子，往往表现出他们最擅长的绝技——跟家长顶嘴，跟主持人顶嘴，跟观众代表顶嘴，从头到尾，一刻不停歇。

在这些节目当中出现的小孩子，通常最爱采用的是下面这四种顶撞形式：

1. **冷嘲热讽**。暗藏的摄影机记录下这样一幕：母亲抽抽搭搭地哭诉，说自己家孩子的行为举止难以管教，而从化妆间显示器上看到这样场景的孩子一边哈哈大笑，一边出言讥讽。
2. **傲慢无礼的身体语言**。一旦登上舞台，孩子们就会花样百出，各种不好的行为全都爆发出来，一边是母亲苦苦哀求，请他们考虑一下自己言行对家庭、母亲、老师以及其他人的影响；另一边的他们，一会儿翻个白眼，一会儿抖抖肩膀，摇头晃脑，一切都不放在眼里。
3. **羞辱他人**。孩子总是责骂母亲，说她"笨得要死"："哎哟，你懂个屁啊！"脱口秀上的孩子最爱冒出这句话，或者是其他一些羞辱他人的不中听的言语。
4. **要挟他人**。在脱口秀节目上，要么是母亲开口制止孩子顶嘴，要么就是孩子反过来出言要挟母亲。通常，让双方对话终止、陷入僵局的顶嘴内容往往包括："我才不在乎"以及"那你让我跟爸爸去过吧"。还有另外一种顶嘴方式会令对话戛然而止，顶嘴的典型主人公就是那些未婚先孕的母亲，待在家里无所事事，而且她们当中的好多人是生完一个又怀二胎，她们嘴里冒出的，往往是这样的调调："你可以试着让我带着小宝宝每晚都待在家里，不过我可做不到。"顶完嘴之后，她们就会垂下眼睛，看着自己的手指甲，身子往后一倚，双腿晃来晃去，再也不吭一声，一副满心洋洋得意的样子。为什么她会如此开心呢？因为她把周围每一个人都牢牢玩弄在了自己股掌之间。

通常到了这个节点，脱口秀节目组就会请上他们安排的心理专家上台。这类专家给母子双方提出的建议一般就是，家长和孩子应该互相倾听彼此的心声，凡事都应该共同商量着办之类的。接下来，专家就会脸色一沉，郑重地告诫母亲，说她必须得控制好自己的女儿，否则的话，女儿就会在大街上撒泼耍疯，非得把母亲搞到神经病不可，不死也得丢半条命。短短十五分钟的时间里，所有这些心理专家能够给出的，无非也就是这些眼前的安慰之词，以及一些相处的告诫言语。他们几乎不会简单明了地说出，母女双方应该寻求专业的帮助，采取真正有效的措施，让自己彻底告别吵闹扯皮的生活。

这些电视脱口秀节目以戏剧化的形式生动地向我们展现：如果家长无法以有效的方法制止孩子的顶撞行为

就可能发生的情形。在一期节目里，讲述的是行为失控的女儿的故事，演员莎莉·杰西·拉斐尔发出威胁，说如果那个女儿继续顶嘴的话，就把她从台上赶下去。可是她完全没有找对解决方向，因此孩子的恶言恶语也就照说不误。

莎莉试着换了一种方法，恳求台上的女儿，"看你把你妈妈吓得，"一旁的母亲直抹眼泪，还有人给她递上了纸巾。可是粗鲁无理的女儿只是耸了耸肩，满不在乎地说，母亲爱哭不哭，与她无关。

如果你的孩子也看过这些节目，那么他们肯定会明白，作为家长的你们，绝不会让自家的情况走到如此不堪的地步，而且也绝不可能允许他们去结交节目中这些一身毛病却死不悔改的顶嘴孩子。

除了跟孩子聊关于媒体传播中出现的顶撞现象，作为家长，你还应该尽量把孩子的生活安排得丰富、忙碌一些，并且能够从中有所收获（像罗恩的父母就给他安排了篮球课这样的活动），而且在这些活动当中，他们也没有办法、或者说压根不愿意去跟电视节目和电影当中看到的那些顶嘴的孩子有所接触。

第十一章
如何对付顶嘴的大学生

无论孩子们是住校还是走读，大多数的大学生——尤其是一年级新生——都会用父母完全无法忍受的方式去顶撞他们。已经上了大学的孩子顶撞自己，会让家长们感受到自己的苍老、陈腐、抱残守缺、头脑迟钝，根本无法跟上孩子们的新思路，他们心中所崇拜的成年人，跟父母这一辈已经远不是同样的概念了。就算家长每年斥资两万美元用于孩子的教育，得到的回报依然会是孩子的顶撞。

对于大学生来说，哪怕他们以前都是从没顶撞过家长的乖宝宝，在步入大学校园之后，却怎么都会或多或少地跟父母顶上几次嘴，下面就是其中一些原因：

- 他们开始结交新的朋友
- 他们开始追求自我，重塑自我
- 他们感受到了以前从未体会到的压力
- 他们坚信，对于自己目前的经历，家长们丝毫不能体会

大学生顶嘴，或许是他寻求个体独立的一种象征——他希望成为一个脱离父母管教的、独立的自己。

换言之，这些孩子正在成长为全新的自我，他们现在要开始为自己负责，并且第一次自己独立生活。由于他们身边新出现的成年人（大多）都是与你年龄相仿的平辈，所以这些孩子往往会先从自己的父母下手，采用顶嘴之类的行为手段来测试成人的底线。

不过，当然，这些孩子认为，他们有大把的理由可以对你采取横冲直撞的不讲理态度。下面我们会介绍一些具体的原因。没错，我们知道，这里面大部分理由听起来都肤浅到可笑，但很多大学生确实一本正经地认为自己这些理由正当又充分：

● **你的知识受到了质疑**

"你从没听说过哲学家斯宾诺莎的名字吗？贝尔·胡克斯知道是怎么回事儿吗？这些都不知道，你还好意思这么多年称自己学识渊博？"

在大学校园里，你可能会遇上某项关于西方文明的知识调查，也有可能是赶上某堂英国文学课，又或者是碰上了个艺术史讲座，这些新奇的体验会让学生感觉自己简直变成了百科全书，而你们这些老古董两眼一抹黑，什么都不懂。对于刚踏入校园环境的新生来说，这种作用尤为明显，会让他们瞬间膨胀，目空一切。

"我简直不敢相信，"孩子对你说到，"你到现在还认为卡尔·马克思是坏人！"也有可能是你不愿意把自己丝绒镶边的油画替换成立体派画作的印刷品，"真是乡下人的眼光啊！"孩子可能会用一种发自内心的厌恶、鄙夷的口气对你说出这样的字眼，也有可能他还没真正理解相关的概念，但还是会用自己的词语把你说成是一个无知浅薄的人，或者是什么类似的话语。"真是无知到可怕，你就是这副德行。"而作为家长的你，节衣缩食，心心念念地省钱，自己都舍不得去出海度假就为了孩子能够进入大学，开阔眼界。面对这样的待遇，怎能不受伤心痛呢？如果孩子不是那种特别心直口快的个性，他可能只会翻个白眼，嘴角挤出一声"切！"而这种表达方式，其实对家长内心造成的伤痛感还会更深。

● **你的道德标准已经彻底"老掉牙了"**

在你把孩子一路拉扯大的教育理念里，秉承的一直是对欺骗、作弊行为零容忍的态度，而现在，孩子的室友却自夸考试向来靠抄袭过关，并因此而沾沾自喜。突然间，你似乎变成了迂腐守旧的老古董，丝毫不与时俱进。"你和爸爸完全不了解校园社交生活是怎么回事儿，大家都在混圈子哎，要想拿高分，全靠这了。如果说有钱能使鬼推磨，那么我绝对有多少钱，花多少钱。"

- **孩子没有进入期盼的社会阶层**

没给孩子找好对路的辅导老师，没有教会他正确的社交礼仪，没给他买上得体的衣衫或拉风的汽车，没有混进上流社会跟那些大人物谈笑风生，这一切都是你的错，都怪你不争气。

- **孩子的学业和社交生活发生了冲突**

孩子每天晚上都跟朋友出去玩儿，不混到半夜两点绝不回宿舍，第二天上午的课堂则是他呼呼大睡的绝好机会。实际上，孩子也会心生愧疚，知道家长肯定会因此而抓狂，而且会先揪住他一顿数落。因此他心里面就认定，你肯定永远理解不了当今真实的大学生活究竟是个什么样子。

记住，鼓起勇气，振作起来。所有这些行为都只是阶段性的短期现象。终有那么一天，孩子会明白，作弊会被抓，或者是被老师当面揭发，还得重新补考；校园的社交生活常常伴随着很多麻烦事儿，跟自己耗费掉的宝贵光阴相比，从中得到的那点小小乐子完全不值一提；通宵寻欢作乐只会让他吞下功课不及格、甚至读一个学期就被劝退的苦果。

不过，再有什么理由，这些已经成为大学生的孩子顶撞大人也是不妥的。他们或许可以翘课，结交一些另类的朋友，在校园里随着自己的心性做事，但无论如何，都不能去顶撞自己的家长。

如何应对

无论出于什么原因，只要孩子顶嘴，你就应该立刻采取行动，实施我们的四步法则。

如果孩子跟你们同住，那么你可以选择的一个有效方法就是把她赶出去。别跟她说让她搬出去，她肯定不相信你是跟她说真的。直接把她的东西都放到院子里去，然后把她的房间重新布置成做针线活的地方，然后开始在里面缝缝补补。所有这一切，都应该在4个小时之内完成。对谁来说，这4个小时都会很难熬。不过你要坚信，这样做真的能够奏效。你和你那正上大学的孩子现在才算得上是真正地彼此了解，和睦相处。

下面这个案例介绍的就是一位母亲如何应对自己孩子顶嘴的问题。

案例 17

> 一直以来，希拉里和杰克夫妇跟他们的儿子巴特关系都非常亲密，一家人在一起开开心心地旅行、下棋，乐呵呵地看电影，时光在相亲相爱的氛围中度过。上高中的时候，儿子巴特的好友总是跟着一起参加家里的各

种活动，跟他们全家人都很熟络。因为这种和睦的关系，希拉里和杰克一直想当然地认为，进入本地大学学习后的杰克也会继续跟他们一起住在家里。这所学校非常热门，盛名远播，对于巴特来说，就算父母的经济实力供得起，他也实在没有理由舍近求远跑去外地上学。

不过，到了巴特进入大学第一年的感恩节假期时，希拉里和杰克恨不得让巴特赶紧回到学校里去——或者说，甭管是哪儿，只要还待在他们镇上，让他们能够每天见到儿子就行。"以前的时候，他总爱撒娇耍赖似的嘲笑我跟他爸爸。"希拉里回忆着往昔的时光，"有时候他对我们的嘲讽是有点伤人的，但始终都带着幽默和爱意。而我们也会反唇相讥，跟他闹成一团。"希拉里坚持认为，过去巴特对他们的讥讽绝对算不上是顶撞。他只不过"开玩笑罢了，这和顶嘴根本不同。"

可是，自打上大学，巴特的开玩笑就变成了顶撞。"他真是头一回这样做。"希拉里沉浸在回忆当中，眼中还噙着泪花。"我们围坐在桌旁，等着他回家吃饭，他冷不丁地闯了进来，搂着个女孩，嘴里吼叫着，'什么情况？我没回来你们就不开饭了？没我在你们吃不下去？不等我回来你们不开动？我回屋待几个小时，别来敲门烦我！'"说完，他连一句介绍都没有，直接带着那个女孩回到了自己的房间，咣当一下锁上了门，再出来的时候，已经是第二天早上5点半了。希拉里眼瞅着他们鬼鬼祟祟、悄无声息地钻进了车里。"我估计他当时跟我们说话那阵子是喝醉了酒，可不管怎样，他的那番举动让我们伤透了心。"希拉里说道。

希拉里和杰克两口子着实吃惊不小，根本不知道如何应付。这样的情况接下来又发生了好几次，有一次感恩节假期，巴特大肆地发了一顿脾气，极力斥责自己的父母没能给他足够的钱让他去参加滑雪旅行，而他大学里的其他朋友全都趁假期出去滑雪了。事已至此，这对夫妇决定采取行动，解决这个问题。

"感恩节假期后的那个周一，当巴特回到家的时候，他发现自己所有的东西都被放在了草坪上。当天早上，我把这些东西打好了包。他真是被震住了。他说自己需要点时间去找住处。而我们说，'现在就走。你给我马上走。'毫无讨论的余地。然后他开始哀求我们，说自己无处可去，我们两口子则转身回到了屋里。他跟着我们一起回了屋，并且说如果我们能让他留下来，他以后都会跟我们客客气气的。我告诉他，爸爸已经把他的房间改成了办公室。"

最后，毫无办法的他只能把自己的家当塞进车里离开家。巴特有没有就此开始嗑药、胡作非为或是结交不三不四的朋友呢？他有没有因此而辍学？希拉里的妈妈、巴特的妈妈,还有其他一些朋友所预言的那种种可怕的情形,有没有在他的身上发生呢?

"实际发生的情况是这样的,"希拉里介绍说,"巴特找到了3个男孩,他们的公寓正想找个合租室友。因为只有一间卧室,所以他只能在客厅打地铺,沙发已经有人占了。然后他又通过学生会找了个差事,以此赚钱来支付房租、水电费。第一个学期,他有4门功课的成绩拿的都是F,还有一门是B,结果上了留校察看的名单。"

"在第二学年快结束时,他作为楼长搬到了另外一间宿舍,功课的平均绩点提高到了3.0,并且开始在一间政府机构做兼职的实习生,他希望毕业后能够留在那里全职工作。后来,他又有了自己的固定女友,他们是在学生会打工时候结识的。现在他们俩已经订婚了。所有这一切,就是平常人的普通生活轨迹,都在顺理成章中平静发生。比起大学第一年的日子,这真是好太多了。我们认为,把他赶出家门的做法让他不得不自己去面对生活,而且他必须要考虑清楚,选择对自己负责任的方式和道路,否则,在接下来的年头里,是无法坚持到底的。"

巴特之所以会顶撞父母,或许是他寻求个体独立的一种象征——他希望成为一个脱离父母管教的、独立的自己。但无论如何,想要实现这样的目标,也不应该采用顶撞作为手段。

如果你的孩子不住在家里，而是住公寓或宿舍，那么作为家长，你们就得做好心理准备，孩子回家的时候，可能免不了要对你们顶撞一番。离家住校的大学生往往会在第一次回家时变成一种全然不同于以往的状态，仿佛变了一个人。他们来会逮住每一个可能的机会来顶撞家长，哪怕他们还带了客人回家，也会毫不顾忌地在客人面前跟家长顶嘴。这种现象屡见不鲜。

在这种情况下，采用四步法则就势在必行。不过，找准解决方向也就意味着你向自己发起了挑战。现在的情况已经不同于过往，孩子已经不再是过去跟你同住一个屋檐下的小家伙。大学生已经是成年人，拥有自己的意志、思想，而且他们大多已经自己有车，有工作。关于解决方法，我们下面给出一些建议，有的激烈，有的温和，也有的取中庸之道，介于二者之间。

激烈的解决方法

- "这种说话方式，在我们家里是不能接受的。有鉴于此，剩余的假期，我们不打算让你再住在家里了。我希望你一小时之内就从家里搬出去。"如果说过了一个小时，孩子还没搬出去，你可以把他的行李打好包，放到院子里去。
- "这种说话方式，我们可接受不了。既然你这么顶撞我们，我们也不愿意再留你在家里过假期了。明天早上我们就开车把你送回学校（或是把你送上飞机）。"

- "这种说话方式是我们所不能接受的，我们可不想让自己的假期在忍受恶言恶语当中度过。今天我们买了两张去马略卡岛（Majorca）的机票，下次你一放假我们马上就出门。我们不在家的时候，海斯特（Hester）阿姨和她父母会待在这儿。你自己给自己安排点儿假期活动吧，因为家里没你待的地方。"

温和的方法

- "你说我们俩没读过什么正经书，我们可真是觉得很难受。为了让自己高兴起来，我们打算去公园跳广场舞。对，我们之前确实说了，今儿晚上你可以把车开出去，但现在我们决定自己开车出门。"
- "你说我满脑子除了言情小说啥也没有，我真是难过死了。我得透透气，所以明天一整天我会去逛花卉展。我知道，我说过要帮你给中学校友聚会做吃的来着，不过我现在想好了，逛花卉展对我来说更重要。"

中庸的解决之道

- "你用那种充满优越感的、不可一世的语气说我们客厅里挂的'完全就是装饰画,毫无艺术性可言',我们听了心里特难受,而且你还对我们家里其他的室内装饰毫不客气地品头论足,这些可都是我们的心爱之物呢。所以我们打算,这个假期剩下的日子,不跟你在一起度过了。我们决定了,未来两天去凤凰城参观博物馆。没错,我知道,我们本来是说你可以从学校带更多同学过来,不过因为这两天我们不在家,所以你得跟你的朋友们说一声,让他们另做打算吧。"

- "你跟我说我是一个只知道看电视和购物的家庭主妇,我听了特别不痛快。所以,我打算在剩余的假期里,每天晚上都搞一场戏剧晚会。对,我还会把车开走。我相信,你留在家里,自己可以安排其他的交通方式,吃饭问题也能自己搞定。"

- "我特别不愿意听你说我做的饭油汪汪,敷衍了事,完全不符合时代潮流。所以,这个假期里,我不打算再给你做饭吃了。我知道,我说过会做一顿感恩节大餐,不过现在我打算那天晚上出去吃。"

现在,你已经知道了,你必须要循序渐进地施展自己的解决方案,让自己从跟孩子的斗争局面当中抽身出来——而且动作要快，因为，大学生是这个世界上最锲而不舍、最执拗的一拨人。为了能改个成绩，他们能跟在老师屁股后面进大厅，出大楼，甚至挤进车里，只为得到老师的承诺应允。他们也会用同样锲而不舍的劲头跟家长磨叽，以便让家长答应自己出去露营、买摇滚演唱会的门票，或是兜里只揣着29块钱，脚上蹬着锐步鞋，包里背着六块能量棒就去尼泊尔挑战十天的户外体验。

不过，一定要让自己开心起来，没什么解决不了的。我们的四步法则不仅对大学生们有效，而且要想把他们收拾利索，唯一奏效的，也只能是四步法则。

第十二章
孩子气的成年人

要是你还没有遭遇过孩子顶嘴的问题,别着急,迟早有一天你会赶上的。如果你把孩子当作成年人来对待,并且希望能跟他保持良好的相处关系,那么一旦出现顶嘴问题,你就应该采取正视的态度予以解决,并且始终不会掉以轻心。如果你对孩子顶嘴的问题忽视不理,那么你就会让自己和孩子的关系总是处在一种如履薄冰的状态,在接下来的岁月里都不得安生。

很多成年人依旧孩子气十足,会跟自己的家人顶嘴。至于原因,至少有以下 3 个方面:

- 即使已经成年,内心依旧像个孩子

这种类型的孩子在成长过程中的性格形成阶段,就非常有自己的主意。尽管他跟你顶起嘴来毫不留情,但其实他内心特别享受作为你最珍爱的心肝宝贝的地位,而且不会甘愿放弃这样的受宠地位。他的顶撞行为其实正是以自己的方式来表示的,你依旧是他生活的主宰，还是由你来说了算。下面这个案例展示的就是孩子们的这种顶嘴行为是如何在家长身上发生作用的——同时我们也可以了解到，对付孩子这样的顶撞，最佳解决方法是什么。

案例 18

　　查德是杰和卡罗尔的心肝宝贝独生子。两口子把全部心思和关爱都放在了儿子身上，把他惯得不成样子，查德像个目空一切的小霸王，想要什么就必须得到什么，而且完全随着自己的性子，想跟父母顶嘴就顶嘴。父母离婚之后，查德跟父亲杰的关系变得比以往任何时候都更为亲密。退休之后，杰开始帮助查德去打理他的营销公司业务，并且让初出茅庐的儿子的这间公司在几年之间就获得了巨大成功。但是，有一天，杰来到公司上班，儿子查德却要赶他回家。杰对儿子说，自己其实只是想待在办公室这样的环境里，让自己感觉虽然上了岁数，但还中用。但他得到的回复，却是儿子查德用一种令人无比难堪的语气对他说："老爸，我不想让你每天上这儿来。我们公司的形象是年轻活力，动感十足——你一出现在办公室里，完全是破坏画面，你看把这儿弄成什么样了。"

　　公司前台的姑娘，也是查德的未婚妻，被查德的话给惊呆了。"你怎么能这样跟你的父亲说话呢？"她大声说道。

"担什么心呀，老爸早习惯我这路数了，我就是专门折磨他的小魔王。"查德一副充满怜爱的口气说道，"而且，他就喜欢我这么实事求是，实话确实伤人心呀。你说是不是啊？爸爸。"

杰微微一笑，平静地起身离开。他径直去了律师事务所，签署文件，把自己与查德公司的关联全部解除，并且撤走了给公司的投资。查德顶了几十年嘴，从来没有得到过什么惩罚性的后果，这下子他完全呆在当场。他以为父亲还会再重新思量一番。不过，这次杰是决心已定，誓不回头，他让自己从跟儿子之间拉拉扯扯的局面里彻底脱身出来，查德疯了似的给他打了无数个电话，他丝毫没有理会。后来，杰跟一个自己同岁数的搭档一起合作，把生意做得风生水起。查德这边呢，自己几乎无力支撑公司，眼睁着收入下滑了三分之二。

- 成年了也依旧想保持自己个体的独立性

那些出于这个原因而爱顶嘴的孩子气的成年人，往往都是跟自己的父母关系很亲密的。他们每天都得至少打上一通电话，假期也要一起出去度假。还会互相带着对方去参加各种社交活动，哪怕压根没被邀请。因为他们每个人都明白，自己生活中的其他人见到他们举家出现，肯定会无比开心，激动不已。

但是，在这样一派欢声笑语的快乐表象之下，孩子其实一直在挣扎，想要从父母身边独立出来，成为真正的自我——他们需要彻彻底底地从这样的关系当中脱离出来。这种挣扎的状态非常痛苦，因为一方面，孩子会感觉心有愧疚，但另一方面，又饱受煎熬，随时可能爆发出来。案例19向我们展示的就是这样一种情形——孩子极度渴望从与父母的亲密关系当中脱离出来，渴望过度，就会以顶撞家长的形式表现出来。

案例19

在十来岁的叛逆青春期阶段，里拉和自己的母亲南希总是争执不断，日子不得安宁。父亲再婚，里拉和父亲住在一起。但是，里拉跟自己的继母怎么都搞不到一块儿去，继母比她大不了几岁，于是里拉选择了搬回去跟自己的生母南希同住。

出于各种各样的原因——或许是由于南希的内心孤寂，又或许是里拉觉得继母已经取代了自己在父亲心中的地位而倍感失落，里拉和南希这对母女变得像姐妹一样。她们开始选择同样的穿着打扮，梳一样的发型，所有的业余时间都在一起。有朋友邀请南希去吃饭或看电影的话，她都会拖着女儿里拉跟自己一起出席。要是觉得朋友对于里拉的出现没有表现出喜出望外的样子，南希就会大发雷霆，跟朋友们不相往来。南希和里拉变成了一对捆绑在一起、必须打包出现的姐妹花，里拉陪在身边的日子里，南希彻底丢掉了属于自己的个人生活。不过，在跟身边为数不多仍有来往的旧友交流时，南希表示，她认为，这样的做法是出于好意的最佳选择。这样一来，似乎里拉在童年时期所缺失的家长关爱与培养，全都得到了弥补，她会重拾自信，步入未来的新生活。不出所料，从本地的社区大学毕业不多久，里拉就某得一份医院里的好差事，而且很快就被调到了西海岸工作。

大约六个月之后，南希对女儿思念至极，满心欢喜盼着能跟女儿团聚的南希搭上了前往西海岸的飞机。在机场迎接她的里拉，还带着一位年轻的男士，同样也是在他们医院工作。

"我说，你可别瞎琢磨，觉得我们俩之间有点儿什么。"男士等着领取南希的行李时，里拉给自己的母亲下达了命令。

"我没觉得你们俩之间有什么呀。"南希哈哈大笑，觉得里拉是在跟自己开玩笑呢。

"我还不知道你这人怎么回事么！"里拉突然就变

得气急败坏,"我做什么,你都恨不得刨根问底弄个清楚,我周围的人,你就没一个不认识的。"

"哎唷,我的宝贝闺女……"南希被女儿的话惊呆了,心里又是惭愧,又是伤痛。

"我跟你说,你在这儿可别来以前那老一套了,"里拉草草地冒出这么几句,"赶快,麻利点儿,别慢慢腾腾的了。你带薄外套了吧?快把你那些仿皮的大衣收起来吧,这儿热得要死,那么老土的厚东西,完全穿不住。"

"那你带我在这儿逛逛呗。"南希满怀期待地建议道。

"老妈,要是你到现在还不知道该买什么,那你就别再惦记买东西这事儿了。我又不可能永远跟你拉着手四处瞎逛买东西。"

时间缓慢地向前推移,南希逗留的这段日子里,这样的顶嘴始终在继续,而且愈演愈烈,不断升级。南希也不知道自己还能做点别的什么,只能硬着头皮坚持到行程结束。不过,到了一年之后,再一次来看望女儿的南希,在出发之前,自己已经心里有数。当里拉在机场冲自己顶嘴的时候,南希开口说道,"宝贝儿,你这么顶撞我,我可不能接受。所以,这次我不打算待在这儿陪你了。下次我再出门的时候,我希望我们两母女能够在一起待一阵子。"

说完这番话,南希亲了亲目瞪口呆的女儿,跟她道了别，转身打了辆车直奔迪斯尼乐园酒店。她早已料到会有眼前这一出，所以几个月前就在酒店订好了房间。她没有告诉里拉自己会住在哪儿，尽管没能跟女儿待在一起心里不怎么痛快，不过，情绪平复之后，南希自己在迪斯尼乐园里好好地享受了一大圈儿，给自己的旅程划上圆满的句号。

南希的好些个朋友都认为，她这么做太冒险了。不过，南希自己心里清楚，自己跟女儿之间的关系，欠缺关键的基础，那就是尊重。女儿的顶撞行为已让她忍无可忍，这对于她们之间的关系具有致命的破坏作用，无论如何，都到了需要做出改变的时候了。

现在，南希已经明白，里拉之所以会顶嘴，原因在于，她需要过上一种避开自己母亲的生活。里拉像一只冲破牢笼的幼鸟，刚刚开始享受完全属于自己的全新生活，或许，她心里十分惶恐，生怕母亲会介入其中，过多地参与自己的生活。她心里非常清楚，母亲现在孤身一人，什么社交活动也没有，而且心内仍然对女儿十分依赖，不愿没有她陪伴左右。不过，尽管里拉或许有权让母亲跟自己保持适当的距离，不去过多介入自己的生活，但她并没有权力任意妄为地对母亲使用这种顶撞的语言。

- 在童年时期的成长环境中，至少一方家长是酗酒者或是在某种程度上处于情绪失控状态

顶嘴其实是一种掌控他人的方式。对于孩子来说，如果他想让别人不高兴的话就能让别人不高兴，那么他也能够控制这个人的思想、感受及行为。接下来的这个案例向我们展示的就是，成年人做出顶撞行为，有可能是由于家长酗酒而造成的。

案例20

从两个孩子上小学开始，切特就一直酗酒成性，直到孩子中学毕业。后来，他加入了嗜酒者互诫协会，彻底戒掉了酒瘾。在那之后，他始终保持着克制，再也没有醉过酒。在嗜酒如命的那些年里，醉醺醺的他，可能会胡乱丢家具，时不时地不见人影，回到家里也会跟家人拳脚相见。这些难堪的过往，他从未跟别人提起，但也绝不会忘记。妻子艾琳告诉每个人，孩子们早已经把以前的事情都忘到九霄云外了，而且一个个出落得懂事又得体，比她认识的其他所有小孩子都更乖巧优秀。儿子小切特被一所常青藤名校录取，后来成为了一名内科医生。另一个儿子保罗则考取了伊士曼音乐学院，在长岛的一所公立的精英中学当上了老师。两兄弟各自成家

孩子气的成人，在童年时期的成长环境中，也许至少一方家长是酗酒者或是在某种程度上处于情绪失控状态。

立业，另一半都是自己的同行，小切特娶了一名执业护士，而保罗的太太则是一名小提琴家。他们都有了自己的美满家庭，不时享受美妙假期，生活富足而又成功。后来，小切特得到了一份新工作，是在距离几百英里之外的一所医院担任外科主任医生，不过，老两口拿定主意，肯定会经常过去探望儿子的。搬过去不久，小切特的妻子就打电话过来，说自己怀上了宝宝。艾琳决定暂缓行程，等宝贝降生再过去看望他们。

"我觉得自己简直是生活在一种事事如意的状态下，"艾琳说，"每件事好像都是按照我的愿望来的。但最终打破我幻想的是小切特的一通电话，他告诉我，等孩子出生了，不许我过去看他们。"

自己一生中最重要的时刻之一，儿子却不许自己出现？"他跟我说，我不太适合那种场合。"艾琳沉浸在回忆当中，"他们看我不顺眼，觉得我做什么都是错的，而且我要是出现的话，会搞到他妻子紧张不安的。"艾琳知道，小切特妻子的娘家十分富有，但却并不知道这个女人如此挑剔武断。

"没错，"随着我们继续询问，艾琳眼含泪花，接着补充道，"他跟我说话时，用词可过分了。这可是我自己养出来的儿子啊！那种心痛的感觉，超出所有，无法想象。"不过，艾琳说，其实自己在好几年前就应该做好准备，预料到有这么一天的来临。几年前，小切特在自己婚礼之前给母亲发来了一份清单，上面列出了要求母亲提前做好的各项准备工作，比如减肥瘦身、染头发、做发型、买一套宴席上穿着的行头，颜色还得跟整场婚宴的色调搭配和谐，不准备好的话，就不让来参加婚礼。

后来，一位治疗师告诉艾琳，关于婚礼的这些条条框框，实际上就是儿子对母亲发来的警告。"治疗师跟我说，要求我选择跟婚礼现场颜色比较搭的造型，其实是合理的，但那要求带有着非常强烈的控制意味。"

儿子小切特的顶撞行为让艾琳怒火中烧，儿子则更是对着母亲大发脾气。"他简直是对着我破口大骂。根本已经不只是顶嘴的问题了，完全就是他爸爸过去喝醉酒时候在家的发疯行径，简直是一个模子里头刻出来的。"

就目前来说，这个案例还没有呈现出令人感到满意的收场。在艾琳的要求下，孙子 1 岁生日前的一个月，她才得到了儿子的允许，可以去看望孙子。孙子的生日并没有邀请她，当然，艾琳自己也没有要求去参加。艾琳打算把注意力放在自己身上，更多地关心自身感受（嗜酒者互诫协会的规章中经常提到这个字眼），心里特别想去看望孙子，那么就去看，但如果小切特开始顶撞她的话，那就起身离开。"这或多或少使我想起了过去他父亲酗酒时的那段日子，我不知道他嘴里会冒出什么话，也不知道自己应该说些什么。我儿子跟他爸爸的行为完全是同一路数，就算他不酗酒，但也没什么两样。"

艾琳希望儿子不会跟自己顶嘴，她所想的就是尽可能地跟孙子多待一段时间。

为什么家长酗酒，孩子就会对别人有很强的控制欲呢？其中部分原因在于，他们脑子里只有控制的概念。长久以来，孩子的生活都被他们酗酒的家长所控制，只要家长一喝酒，就会有难以收拾的局面出现，而且往往是发生在最不应该发生的场合里，比如说生日会、毕业典礼以及其他一些尤其需要参与者克制、冷静、以正视的态度出席的重要活动当中。此外，酗酒者还通过口头辱骂及身体虐待等方式，操控着家人的感受。潜移默化当中，孩子也学会了控制他人的概念。哪怕曾经酗酒的家长戒了酒，或是离开家人，但孩子心中对于掌控他人的那份渴望却会一直延续下来，除非终有一天他能够自己对此有所正视，并且寻求专门的帮助，否则这种行为还会继续存在于他的生活当中。

酗酒家庭的孩子为何会显露出控制型的行为方式，还有一些原因已经超出了我们这本书的讨论范围。不过，我们很容易就能够明白，如果成长在酗酒的家庭当中，孩子长大后，家长极有可能面对的情况就是——全心全意珍爱的孩子却对自己毫不留情，口出恶言，这种顶撞行为将会给父母带来无比的伤痛。

在这一章里，我们所传递的信息在于，即使已经长大成人，但孩子气的成年人仍会出现顶撞行为；抚育培养多年之后，父母满心希望和他们之间的情感与友谊能够始终如初，因此，他们做出的顶撞行为所带来的伤痛就会更为深重；一旦决定采取措施解决问题，通常也就意味着家长或孩子当中某一方需要从孩子的生活中退出——当然，退出的一方希望这只是暂时的分别。对于成年的孩子来说，像拒绝开车送他们去朋友家之类的方法，已经不再奏效。

同样，一方退出的方法通常也能够对父母自身带来帮助。通过这样的转折，家长可以明白，自己必须要暂时退出孩子的生活，迈入自己新的生活阶段，而在这之前，自己的生活基本已经完全被孩子所占据。采用这种解决方法，孩子会做出怎样的反应呢？他们是不是会就此不再顶嘴了呢？除非父母在早年间对孩子做出了一些伤害至深、让孩子彻底无法原谅的行为，否则，孩子们总会做出让步，检视自身，不再顶撞父母。

第十三章
合理利用各类资源

除非是居住在人烟稀少的地区，否则，找几所育儿培训机构相对来说并不算难。翻翻电话簿，查一下"家长"或"社会服务"类目下的信息，看看能联系上哪些机构。你可能会发现，你们市里不光出版一份专门面向家长的刊物（我们镇上都有两本呢！），而且还有专门的教育中心，针对家长提供各类育儿培训及课程。你也可以给本地各所学校的相关部门、玩具店、儿童服装店，还有教堂打打电话，多方咨询。

如果能够找到某家专业的育儿培训机构，从他们的课程里更加深入地学习我们这本书里的知识理念，肯定能够让你受益良多。要想知道这家机构的培训是否靠谱，可以向他们的培训负责人提出下面这两个问题：

1. 你们的课程是根据阿尔弗雷德·阿德勒（Alfred Adler）和鲁道夫·德雷克斯（Rudolf Dreikurs）的理论制定而成的吗？

2. 你们的课程是否属于 STEP 类型课程（即：父母效能系统培训，Systematic Training for Effective Parenting）？

如果培训负责人对这些问题的回答是否定的，但极力向你保证他们的课程"一定会让你学有所获"，那么你也可以尝试一下，不过风险自担。或许这门课程真的会让你有所收获——如果你真能从中了解到一些关于孩子顶嘴问题的信息与理念。如果课程在帮助你了解相关知识方面并不起作用，那刚刚下定决心想要彻底解决孩子顶嘴问题的你，恐怕意志的坚定性会受到动摇。要是选错了课程的话，估计你会遭遇如下这些境况：

疑虑。你会怀疑自己，是否真的需要去尝试改变孩子自然流露出的口头表达？他应该只是想要沟通交流。

恐惧。为解决问题而采取某些行动，可能会让你的孩子表现出很多自我毁灭似的举动。

迷惑。"稍等一下，"你总会想要跟课堂上的其他人表达些什么，"每当我说自己会对孩子的不当行为采取应对措施时，你们都会说，在跟孩子相处方面，我的感觉太迟钝了。而当我说孩子想怎么样，我就让他怎么样时，你们又说我给孩子的关心指导不够。真是把我弄迷糊了！"不过，这些事情你肯定不会说出口，因为你想得到整班人的认可。

不安全感。在培训课堂上,那些个性更为强势的同学会说,他们家孩子从来不顶嘴。但要是你这么说的话,他们又会挑你的错儿。这会让你产生不安全感,质疑自己的能力,怀疑自己是否能够生出像样的孩子,更甭提把他们培养成才了。

自怨自艾的情绪。在这类课堂里,大部分的时间,大家其实都是在唠叨抱怨孩子所做的那些让家长倍感受伤的行为。你会发现,自己也不自觉地混入其中,抱怨之声越来越大,情绪也愈发激动,简直超过了班里其他所有人。几堂课之后,你自己也开始相信自己的那些抱怨之词,实实在在地陷入了一种前所未有的自欺欺人的境况。

之所以会产生这些情绪,一个核心的原因在于:这样的课程缺乏强大的哲学基础,因此课堂的局面会由那些控制力最强的学员来掌握,他们深信的种种理论成了班里的主流方向,却令所有学员深受其害。由于这类学员几乎没有什么人是专业出身,所以他们的理论也不稳定,常常见风使舵,曾经坚信的理念分分钟会发生改变,可能会见人下菜碟地说不同的话,也可能是自己刚从电视上看来点什么就当成教条传授给其他人。而且,一旦他们的想法发生转变,话锋也会随之扭转,将自己以前所笃信的全部推翻。"当然啦,我会跟自己的孩子一起，共同进步，携手向前，"其中一位学员会如此坚持己见，但却彻底忘记了，或者说不愿记起，仅仅就在两天前，她还是个坚定不移、雷厉风行的人呢。

即使是那些坚信某一理念的课程，也依旧可以做到灵活变通。这些课程会把这套理念作为授课框架，在这一框架范围内对学员们所面对的各种各样的问题进行检视。例如，阿德勒体系所包含的理念就认为，对于家庭成员来说，在行为举止当中体现对他人的尊重是非常重要的。因此，在尊重他人的框架中进行检视的话，顶撞家长是被视为对他人欠缺尊重的行为的。但如果依照教育家 A. S. 尼尔（A. S. Neil）关于自我表现体系的观点来看，顶嘴的行为则可能代表着富有创意、情绪兴奋、动感活泼、健康积极。尽管对于这一体系的观点我们不敢苟同，但我们相信，诸位家长一定能够找到适合且有益于自己提升子女教育质量的资源及机构。不过，一定要搞清楚，相关的体系方法是否是你真正所想要的。

如何判定某一课程体系的核心理念

如果说，某一培训课程并没有明显地信奉某种核心理念或理论框架，那么，要想了解它们所秉持的理论内涵，从它们对某些特定问题的答复当中，便可见一斑。面对课程导师以及学员时，千万不要迟疑地向他们咨询你所希望了解的内容。例如：

- 直截了当地询问他们对于孩子顶撞行为的真实感受。如果他们面面相觑，或是一副对这个问题毫不熟悉的样子，那么你就要谨慎点了。如果课程负责人含糊其辞，用"嗯，这种问题得看孩子和周围环境具体分析"之类的话语来搪塞你，那么你也要持保留态度。
- 问一下他们对于打屁股惩罚孩子的做法是否接受。如果得到的是类似"那得看具体环境具体分析"这样的答案，你就可以确定，这套课程遵循的不是阿德勒和德雷克斯的体系。
- 问一下他们推荐哪些关于教育孩子的书籍。如果他们给不出任何一本具体图书，那么你就能够心里有数，在这个课程里，不存在某一个他们专注追随的理论体系。如果他们推荐的书单里，包含大量以下书名，那么你就可以确定，这套课程所秉承的理念，跟你所想追求的目标，契合度非常之高。

可以作为参考的书单：

福斯特·克林（Foster W. Cline），与吉姆·费（Jim Fay）合著，《培养小孩的责任感》（*Parenting with Love and Logic: Teaching Children Responsibility*），Navpress. 1990。

唐·C·狄克梅尔（Don C. Dinkmeyer），盖瑞·D·

麦凯（Gary D. McKay），《青少年的养育：父母效能系统训练》(*Parenting Teenagers: Systematic Training for Effective Parenting*)，American Guidance Service，1989. Random House，1990。

唐·C·狄克梅尔（Don C. Dinkmeyer），盖瑞·D·麦凯（Gary D. McKay），《阿德勒的父母成长课》(*The Parent's Handbook: Systematic Training for Effective Parenting*)，American Guidance Service，1989. Random House，1997。

唐·C·狄克梅尔（Don C. Dinkmeyer），盖瑞·D·麦凯（Gary D. McKay）合著，《培养富有责任心的孩子：如何让孩子更好地面对当今复杂世界》(*Raising a Responsible Child: How to Prepare Your Child for Today's Complex World*)，纽约：Simon & Schuster，1973。平装最新修订本：纽约：Fireside（Simon & Schuster），1996。

唐·C·狄克梅尔、盖瑞·D·麦凯与詹姆斯·S·狄克梅尔（James S. Dinkmeyer）合著，《全新开始：单亲家长与再婚家长应该掌握的教育技巧》(*New Beginnings: Skills for Single Parents and Stepfamily Parents*)，Champaign, Ill：Research Press，1987。

唐·C·狄克梅尔、盖瑞·D·麦凯与詹姆斯·S·狄克梅尔合著的《幼童教育：六岁以下儿童的父母效率系统训练（STEP）》（*Parenting Young Children: Systematic Training for Effective Parenting (STEP) of Children Under Six*），American Guidance Service，1989。平装本：Random House，1997。

鲁道夫·德雷克斯，《父母，挑战》（*The Challenge of Parenthood*），平装再版，纽约：Plume，1992。

鲁道夫·德雷克斯、珀尔·卡塞尔（Pearl Cassel）与戴维·基欧（David Kehoe）合著，《轻松教出守规矩的孩子》（*Discipline Without Tears*），平装再版，纽约：Plume，1992。

鲁道夫·德雷克斯（Rudolf Dreikurs）与洛伦·格雷（Loren Grey）合著，《教育孩子守规矩的新方法：逻辑后果法》（*A New Approach to Discipline: Logical Consequences*），纽约：Penguin，1993。

鲁道夫·德雷克斯与洛伦·格雷（Loren Grey）合著，《如何教会孩子守规矩：家长手册》（*A Parent's Guide to Child Discipline*），纽约：Hawthorn，1970。

鲁道夫·德雷克斯与维基·索尔茨（Vickie Soltz）合著，《孩子，挑战》（*Children: The Challenge*），纽约：Dutton, 1964。平装再版，纽约：Plume, 1991。

简·尼尔森（Jane Nelsen）、谢丽尔·埃尔文（Cheryl Erwin）与卡罗尔·德尔泽（Carol Delzer）合著，《单亲家庭的正面管教》（*Positive Discipline for Single*

Parents: A Practical Guide to Raising Children Who Are Responsible, Respectful, and Resourceful*）,Rocklin，加州：Prima，1993。
简·尼尔森、谢丽尔·埃尔文与罗斯林·达菲（Roslyn Duffy）合著,《3-6岁孩子的正面管教》（*Positive discipline for preschoolers*）,Rocklin，加州：Prima，1993。
简·尼尔森、琳·洛特（Lynn Lott）与H·斯蒂芬·格伦（H. Stephen Glenn）合著,《正面管教A-Z：日常养育难题的1001个解决方案》（*Positive Discipline A-Z: 1001 Solutions to Everyday Parenting Problems*）,Rocklin，加州：Prima，1993。

如果培训课程中教授的并非是你所认同的教育体系以及与孩子顶嘴相关的内容，但是班级中的同学让你感觉亲切，那么你可能也会加入其中，并且按照自己的思路展开。在这类亲子教育的课程当中，可以将你的各种进步分享给其他同学，大家或许会愿意跟你展开互动，进行更深入的交流。不过，一定不要想去改变其他人，己所不欲，勿施于人。

开设你自己的亲子教育课程

如果在你们当地没有专门的亲子教育培训课程，你可以尝试组建你自己的课程。敲定一个会面地点（最好是在教堂里找个房间或是其他公共场所）、日期和具体时间。不要留你自己的私人电话号码，任何时候，公布自己的私人电话都不是明智之选。如果可能的话，选一个比较实惠的电话应答服务或是合作服务商，留这个电话号码作为联系之用。

从这一章的书单里选一本书作为基础教材。你们的课程可以专门着重于某一话题，比如孩子顶撞家长的问题，也可以选择学员所感兴趣的某一话题，朝着这一方向开展课程。不过，你们应该始终把这本教材的核心理念当作课程讨论的指导方针。课程议题所研究的问题，应该始终在核心教材的理论框架当中进行讨论。

会面时间安排确认之后，就要把相关通知张贴在适当的场所，例如教堂的布告栏、医院咖啡厅、教师休息室以及公共图书馆和大学图书馆等地。另外，还可以把你的通知发送给报社、电视台和广播电台，它们可以帮助你把这些信息通过公众信息栏目向外传递。

大家第一次碰面的时候，可以准备一些简单的小点心。如果没有一个人来参加的话，那么可以再安排一次会面，然后再决定是否彻底放弃。

如果能够找到某家专业的育儿培训机构，从他们的课程里更加深入地学习我们这本书里的知识理念，肯定能够让你受益良多。

要想组织一个新的培训课程，可以参考下面的范例：

想聊一聊关于亲子教育的话题吗？
你所期待的家长研讨会正在筹备中。
首次会议时间：
1月3日星期四上午10:00—11:30，
地点：米德维尔公共图书馆A-2会议室
教材：《快乐亲子教育：帮你教出守规矩的好孩子》（作者：德雷克斯与卡塞尔）（纽约企鹅出版公司1991年出版）（可于图书馆借阅）
现场备有小茶点，不提供幼儿看护服务。
欢迎出席，期待与您见面！

你可能会忍不住想邀请各位家长带着自己的孩子一起出席，不过，这可不是个好主意。四处跑动玩耍的小孩子，很容易让家长分心，无法专注于会议内容。

如果你愿意的话，可以划定一个你们课程将要专门讨论的具体年龄段，比如学龄前、初中生或是青少年。

在第一次会面的时候，先做一下自我介绍，告诉大家你希望创办这项课程的初衷，选定某本教材的原因，以及目前来说，对你最为重要的亲子教育话题方向如何，包括原因所在。然后，你可以鼓励大家介绍一下自己的名字、家里孩子的年龄、希望讨论的亲子教育话题，以及他们希望分享的任何其他信息。

到了这个时候，你可以征询一下大家的意见，问问是否有人目前正因为某个特别的问题而倍感压力。当然，肯定有人会自告奋勇站出来，分享自己的故事，不过，万一没有人的话，你应该做好准备，把自己的经历拿出来与大家分享。你眼前的这些家长，需要的或许只是那么一丁点儿鼓励。跟你的学员们沟通一下，尽量设定一个固定的会面时间，并且要确保每个人都有机会参与其中。

如果你邀请的这些学员全都愿意朝着解决孩子顶嘴问题的方向展开研讨，那就太棒了！我们这本书就是你现成的绝佳教材。

第十四章
家长们关于孩子顶嘴现象提出的问题

通常,在了解到我们的研究方向专注于孩子顶嘴问题时,父母都会向我们提出关于孩子顶撞家长现象的各种具体问题。

我们决定,把其中一部分问题罗列如下,在我们即将画上句号的这最后一章内容里,同时将答案也一并呈现给大家。

7岁的儿子第一次上日托中心,忙完一整天工作的我去接他,结果他却拼足了全身力气对我一通顶撞,这是为什么呀?我该怎么做呢?这家日托中心很不错,我们都特别满意,实在搞不懂这孩子怎么会这样。

你儿子可能只是不经意间从其他孩子身上学会的跟家长顶嘴,在那些孩子的家庭里,家长对于顶嘴行为可能并没太放在心上,也没有加以管束。你要告诉儿子,他的行为是不能让人接受的,而且在当时那种情况下，你已经筋疲力尽了，没有劲头再去跟他较劲，所以，他原本期待你能跟他吵成一团的情景，并没有出现。在下一次准备接他回家之前，你要先琢磨一下，针对可能发生的这一问题，选择好解决方法。一旦儿子开始跟你顶嘴，马上启动你的解决方案，不再跟他在这个问题上纠缠不清，赶快抽身而出。如果你以往的习惯是，在回家路上用零食来哄孩子，让他不再闹腾，那么当时不直接制止他的顶撞行为也会是个好办法。但是，你也可以选择抛弃以往的习惯，全部取消以前每天回家路上给他的特殊待遇。你或许会顾及到其他人的态度而产生这样那样的想法。好好读一下这本书，尤其是第七章和第八章的内容，应该会让你有更多收获和启发。

儿子10岁了，每当我们不让他打视频游戏的时候，他就会发了疯似的，用各种乌七八糟的语言朝着我们两口子一通狂轰滥炸。他太不听话了，本来给他规定了玩耍的时间，现在，我也不管他了，爱玩儿到几点就几点。我应该怎么办呢？

你应该提醒他，他原本是同意了你给他规定的游戏时间的。然后直截了当地告诉他，因为他的行为让人不能容忍，而且还超时玩游戏，所以要彻底取消第二天玩游戏的资格。记得第二天一定要施行你决定的方法。随之而来的后果可以预料，要让自己尽早从中抽身而出。然后第三天，他可以恢复正常，像以往一样打游戏。如果说到了规定的游戏结束时间，他又跟你顶嘴的话，那么明天就不许他再打游戏。

我先生对孩子们是有求必应，属于特别宽容的家长。结果我们9岁的儿子和12岁的女儿，现在跟大人顶嘴，已经做到了"出类拔萃、炉火纯青"。我先生觉得他们特别可爱，而我设定什么规矩都没用，因为孩子们知道，老爸心软，他们说什么他都会答应。我还有什么法子可施？

孩子们最终都会发现，并不是所有的大人都以同样的方式思考或做事。实际上，对于他们来说，哪怕家长们并非事事持相同意见，但看到家长能够美满和睦地相处，也是一件好事。安排一个时间，跟你的另一半讨论这个问题，比如说可以安排在外出去餐厅吃饭时聊上一聊，彼此坦陈一下双方在处事观点上的差异。让你的伴侣知道，培养孩子的好习惯，需要持续。至于孩子顶嘴的问题，你们应该在双方协商之后，达成共识。如果你先生对这样的共识不屑一顾，那么你也可以开始实施你自己的防止孩子顶嘴计划。告诉你先生，孩子再顶嘴的时候，如果他也对此感觉不满，那么你可以帮助他来解决这种孩子顶撞家长的问题。与此同时，还要继续坚持推行我们这本书当中提倡的四步法则。很快，你先生就能够看到，孩子们对你的态度变得尊敬又有礼貌，受到震撼的他，或许也想尝试一下你提议的方法。其他成年人对于孩子顶嘴会做出怎样的反应，这并不需要你来操心。如果你所付出的努力毫无效果，而你先生对跟你达成的共识也满不在乎，那么你可能会想要寻求专门的咨询与帮助。不光孩子顶嘴的问题让你烦心不已，婚姻中的不稳定因素现在也开始冒头，需要你去正视。

女儿14岁，习惯了为所欲为，天不怕地不怕，我说什么她都不回应，只顾着满不在乎得意地笑，简直快把我逼疯了。她对付我们的招数就是各种笑，要么微笑咪咪，要么哈哈大笑，搞得我们其他人不明就里，莫名其妙，跟个呆子似的不知所措，然后只能无可奈何。真希望她对我们的态度能改一改。可是，每次我提出来说她的举动不妥的时候，她都跟我说，她其实不是在笑，或者说不是在笑我，可我也搞不清楚她到底是在笑些什么。快帮帮我吧！

你并不需要去证明任何事情。在你看来，无论得意的傻笑还是哈哈大笑，都属于非语言性的顶撞，而情况也确实如此。你要告诉女儿,她的行为让你很是心烦,然后实施你所选定的解决方法,她那些愤愤不平的抗议行为,曾经让你不由得疑心、狂躁、过度反应,乃至口出恶言。而现在,你应该直接对这一切忽视不理。很快,她就会明白,怎么笑,对于你来说也不起作用了!

你们介绍的方法,我以前尝试过,也获得了不错的效果。我的女儿11岁了,现在,她每次想顶撞我之前,都会三思而行。她会动动嘴,几乎就要忍不住冒出一句"随便你吧"——这是她反驳别人时候最爱用的口头禅,不过,她会克制自己,把话咽回肚子里,因为她知道,这样做引发的后果是什么——我会拒绝开车送她当天想去的地方,而你要知道,她一天总要跑好几个地方,没我送是不行的!

我的问题在于,我希望她能承认,我所采用的解决方法是奏效的,而且我想提醒她,让她保持警醒,不要让我非得真的采取行动。我实在不喜欢自己这种总是箭在弦上、如临大敌的状态。这种心态正常吗?

很正常!这是你的个性体现,当然,是一种不太招人待见的个性。人的天性总是想要不停地叨叨,反复说别人不爱听的那些事情,哪壶不开提哪壶。这其实是一种在其他人面前强调自己实力的方式。不过,对于你想要制止孩子顶嘴行为的计划来说,这可并不奏效,因为这样做只能会让你的孩子更想顶嘴反驳你。如果你总是跟女儿不停地唠叨,而没有让她真正检视自身的行为举止,从而明白怎样才能保证自己不会受到父母的惩罚——惩罚并不是她所追求的,那么你会让女儿把你当成敌人,她必须要拼尽力量,把你打败。她会发动反击,跟你正面对决。她会开始用别的方式来给你捣乱,让你知道,你并不像自己想象中那样强大

在推行自己的防止子女顶嘴计划过程中,如果你总是反复唠叨自己的成功经历,那么你跟孩子之间的对话可能就会像下面这个例子一样:

家长:我的小姑娘呀,看看你自己都说了些什么呀。上次你跟我说"随你便吧"之后发生了什么,你还记得不?再上一次呢?你要是嘴里再冒出那些我不爱听的话,我可就施行我的办法了!

女儿:(一言不发)

家长:你听见我说话没有?

女儿:随你便吧。

家长:你说什么?

女儿:你没听见啊?就算你再也不开车带我出去,我也无所谓。从现在开始,我自己想办法搭车出门!

在这种情况下,你最好是直接实施你所选定的解决方法,不说一句话,而且一定要克制住自己开口,不要一句话把女儿顶回去,这样对于你最终成功解决问题是非常重要的。如果反反复复不停念叨你要采取的解决方法,最终会把你原本理性的解决措施变成了简单的惩罚。

我们这里提倡的解决方法并不是要家长去惩罚孩子或发起报复,而是要针对孩子行为的问题,采取合理的做法来解决。有一点必须要反复强调的就是:如果孩子知道行为 A 将会引发方法 B 来让家长解决自己的问题,那么他们就会开始明白自己应该怎样控制自己的行为。毫无疑问,孩子的这种自发的自我控制行为将有助于促进家长和孩子双方实现更美好、更丰富的生活。

我现在的男朋友之前的妻子去世了,他有四个上大学的孩子。在他生日的那一天,他的几个孩子全都回到了家中,我们的计划是带他们在迪斯尼乐园玩儿上一整天,这个计划让他们开心不已。但当我们到了游乐园,最小的女儿艾瑞尔开始变得暴躁起来,乱发脾气。当她爸爸求她别再闹腾的时候,她满不在乎地耸了耸肩膀。男友建议我们先吃早饭再开始玩,艾瑞尔用特别不客气的语气冒出了一句"随你便"。跟着,她又用同样的语气挖苦自己的姐姐,但我们没听清她说的到底是什么。几个孩子后来全都开始用这种嘲讽的语气讥笑。

"艾瑞尔,你说什么呐?"她爸爸抓狂地开口问道。

"啥也没说呀。"她用一种无辜的委屈语气回答道,"为什么你老是跟我过意不去呢?"

她爸爸没有理会她的话,尽量装得好像一切都很正常一样。可一切都不对劲了,艾瑞尔的话好像启发了其他孩子,一个个全都开始冒出各种讽刺挖苦的话,好好的一天彻底被毁掉了。他们的爸爸和我强压怒火,强颜欢笑,真的是克制得很难受。他们的爸爸到底应该怎么做才对呢?

这位父亲应该告诉他的孩子们,那样的说话方式让他很不开心,因此他和你打算甩掉他们,自己玩儿自己的。而你们俩也确实应该这样去做。四个已经长大成人的孩子应该可以照顾好自己,自己回家也是没有问题的。

我一位15年没见面的老朋友正推着小推车,带她3岁的外孙女逛超市。我们两个人久别重逢,分外开心。老友告诉我,她的3个孩子现在都已经长大成人,都结了婚,事业有成。我听了特别高兴,因为这几个孩子总是温文尔雅,对他人彬彬有礼。

后来,我们一直接着聊下去,而3岁的小孙女开始不乐意了。"奶奶,走啊!"她用一种非常傲慢专横的态度对自己的奶奶发号施令,"我要去玩儿摇摇椅!"

朋友停了下来,转头对小孙女严厉地说,"我正在说话呢!"然后,她跟我继续聊了起来,完全不去理会一旁眼巴巴等着她的小姑娘。这样的做法算是上策吗?

没错,这样的做法非常棒!孩子提出要求,但大人并不让步,而且对于眼前的局面,她所采用的解决方法,是孩子自己所能够接受的,同时能够让自己的注意力从孩子身上转移回来(如果不能收心,还去跟孩子的行为较劲,那对付这样年龄的小孩子,你也没法在大庭广众之下把她怎么样)。这样的做法既显示了她对孩子自身能力的尊重,同时又解决了眼前的问题。祖母如此睿智,她的孩子又怎么能不各个出色呢!

图书在版编目(CIP)数据

孩子动不动就顶嘴怎么办?/(美)奥德丽·瑞克(Audrey Ricker),(美)卡洛琳·克劳德(Carolyn Crowder)著;王欧娅译.—上海:上海社会科学院出版社,2017

书名原文:Backtalk

ISBN 978-7-5520-2031-1

Ⅰ.①孩… Ⅱ.①奥…②卡…③王… Ⅲ.①家庭教育 Ⅳ.① G78

中国版本图书馆 CIP 数据核字(2017)第 168861 号

BACKTALK

Copyright©1998 by Audrey Ricker and Carolyn Crowder

This edition arranged with The Martell Agency

through Andrew Nurnberg Associates International Limited

上海市版权局著作权合同登记号:图字号 09-2017-470

孩子动不动就顶嘴怎么办?

著　者:	[美]奥德丽·瑞克　卡洛琳·克劳德
译　者:	王欧娅
责任编辑:	杜颖颖
特约编辑:	邓颖诗
封面设计:	主语设计
出版发行:	上海社会科学院出版社
	上海市顺昌路622号　邮编200025
	电话总机 021-63315900　销售热线 021-53063735
	http://www.sassp.org.cn　E-mail: sassp@sass.org.cn
印　刷:	北京凯达印务有限公司
开　本:	787×1092 毫米　1/32 开
印　张:	6.75
字　数:	90 千字
版　次:	2017年9月第1版　2017年9月第1次印刷

ISBN 978-7-5520-2031-1/G·687　　　　定价:25.00 元

版权所有　翻印必究